HNK
한중상용한자능력시험

신나는 한자

4급

(사)한중문자교류협회 연구소 편저

다락원

중국교육부 국가한판

HNK
한중상용한자능력시험
공식교재

사단법인 한중문자교류협회 연구소는
한자와 중국어 교육의 효율성과 실용성을 높이는
교수·학습법 및 평가 방법을 연찬하고 선도합니다.

연구소장 황미라
연구위원 김순금 진효혜 황덕은 여연임
　　　　　　최유정 김순희 김종선 이정오

신나는 한자 4급

지은이 (사)한중문자교류협회 연구소
펴낸이 정규도
펴낸곳 (주)다락원

초판 1쇄 인쇄 2019년 3월 5일
초판 1쇄 발행 2019년 3월 10일

총괄편집 이후춘
책임편집 김민지

디자인 정현석, 김희정

다락원 경기도 파주시 문발로 211
내용 및 구입문의: (02)736-2031 내선 297
Fax: (02)732-2037
출판등록 1977년 9월 16일 제406-2008-000007호

정가 15,000원

ISBN 978-89-277-7107-4 13720

홈페이지 및 문의처

시험 접수: **www.hnktest.com** (02)736-2031(내선 295, 297, 290~293)
장학 연수: **www.hskhnk.com** 1577-9645

>>> 우리는 한자 공부를 왜 하는 것일까요?

우리는 한자 공부를 왜 하는 것일까요?

한자를 학습하는 것은
첫째, 우리말의 뜻을 제대로 알기 위함입니다.
한자를 제대로 학습하면 학년이 올라갈수록 어려워지는 학습용어를 쉽게 이해할 수 있게 되므로
공부에 흥미가 더해질 것입니다.

둘째, 중국어 학습의 기본을 다지기 위함입니다.
한글을 받아쓰고, 영어의 알파벳을 익혔듯, 한자를 익히는 것도 중국어를 공부하는 데 있어 기본적
으로 필요한 과정입니다. 그런데 중국에서는 우리나라에서 쓰는 한자와는 다른 낯선 글자인 간체
자를 씁니다. 따라서 한국 한자는 물론 간체자를 익히는 것도 중요합니다.

여러분!
자! 지금부터
한자 공부 제대로 해서
중국에서 공인한 한자시험인 '한자능력고시(汉字能力考试)'에 도전해 봅시다!

〈이 책을 통해〉

하나, 각 급별 한중상용한자의 훈과 음을 밝히고, 번체자와 간체자까지 함께 익힐 수 있습니다.

둘, 단계별 학업 성취를 느끼며 반복 학습할 수 있습니다.

셋, 한자의 기본 실력뿐 아니라 중국어 어휘의 기초를 다질 수 있습니다.

넷, 다양한 예문을 통해 한국사·과학·사회 등 교과 학습용어의 이해를 높일 수 있습니다.

다섯, 모의고사를 통해 국제공인 한자자격증의 취득을 준비할 수 있습니다.

사단법인 한중문자교류협회 연구소

>>> 이런 내용이 들어있어요!

부록

HNK 4급 시험 대비 모의고사

>>> # 이렇게 구성되어 있어요!

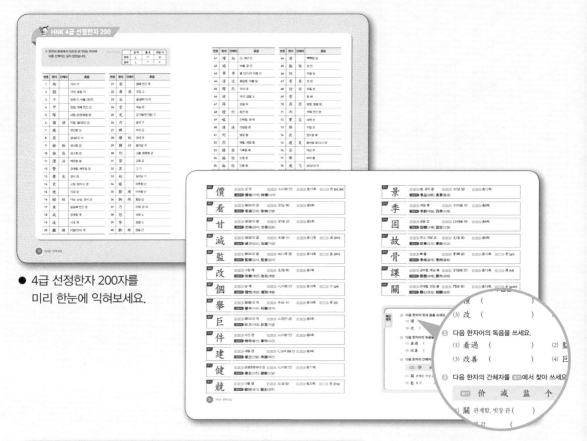

● 4급 선정한자 200자를
　미리 한눈에 익혀보세요.

● 4Ⅱ급 선정한자 200자를 다시
　한번 복습해보고 확인하기를
　통해 실력을 점검해 보세요.

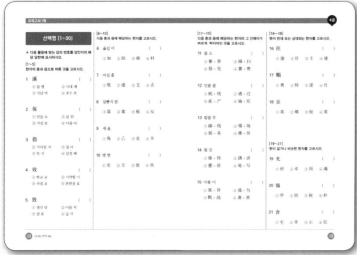

● HNK 4급 시험대비 모의고사를 풀어보고 합격에 도전하세요.

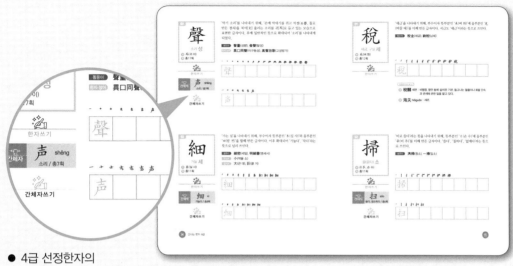

● 4급 선정한자의
  간체자도 따라 써 보세요.

● 4급 선정한자의 음, 훈, 총획, 부수, 필순, 활용어, 유의어,
  한자성어를 익혀보세요.
● 한중 한자어 비교를 통해 중국어에 대한 이해를 높일 수 있어요.

● 8급부터 4급까지의 배정한자 850자를 모아보기
● 활용어 낱말사전
● 유의어와 반의어
● 한자성어
● 간체자 및 HSK어휘 등을 익혀 보세요.

HNK Hànzì nénglì kǎoshì 汉字能力考试이란?

중국교육부 국가한판(国家汉办, HANBAN)에서 공인한 글로벌 한자능력시험입니다.

1. HNK의 특징

한자의 이해와 활용도가 높은 한자시험

• 교과서에 나오는 주요개념과 용어를 정확하게 이해하고 활용하게 합니다.
  따라서 표현력과 사고력, 논리력은 물론 학과 성적도 쑥쑥 올라가게 합니다.

중국어 공부가 훨씬 쉬워지는 한자시험

• 간체자 동시학습으로 중국어 능력을 향상시킵니다.
  중국 상품 설명서나 중국어 어휘와 문장의 뜻을 해독할 수 있는 능력이 길러집니다.

2. HNK의 혜택

성적 우수자 및 지도교사 중국 국비 장학 연수

• 중국內 체류비용 (학비, 기숙사비, 문화탐방비 혜택) 지원
• 기간 : 하계/동계 방학 중 1주~2주 이내
• 장소 : 북경어언대학, 하문대학, 남개대학, 귀주대학 外
• 대상 : 초등학생~성인

3. HNK의 활용

한국 소재 대학(원) 및 특목고 입학 자료
중국 정부장학생 선발 기준
공자아카데미 장학생 선발 기준
중국 대학(원) 입학 시 추천 자료
각급 업체 및 기관의 채용 · 승진 평가 자료

4. HNK 자격증 견본

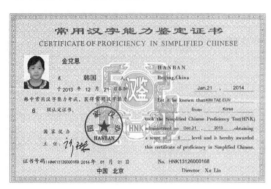 

HNK 한중상용한자능력시험 안내

한중상용한자는 간체자를 포함한 한국과 중국에서 일상적으로 사용하는 한자를 뜻하며, 세계 표준 한자의 이해를 지향하는 학습용어입니다.

1. 검정과목

• 8급에서 1급까지 총 11개 급수, 본회 선정 급수별 한중상용한자에 대한 능력검정시험입니다.

2. 배정한자 수 및 응시료

급수	8급	7급	6급	5II급	5급	4II급	4급	3II급	3급	2급	1급
배정한자	50 (2)	100 (6)	200 (30)	300 (57)	450 (105)	650 (197)	850 (272)	1,050 (353)	1,870 (738)	2,670 (1,000)	3,800 (1,428)
응시료	20,000원		22,000원			24,000원			35,000원	45,000원	55,000원

※배정한자의 ( )는 간체자 수를 표기한 것임.
※상위 등급 배정한자는 하위 등급 선정한자를 모두 포함함.

3. 출제문항 수 및 합격기준

급수	8급	7급	6급	5II급	5급	4II급	4급	3II급	3급	2급	1급
출제문항 수	40	50	80	100	100	100	100	100	150	150	180
합격문항 수	28	35	56	70					105		144
시험시간(분)	40(분)		60(분)						90(분)		100(분)

4. 출제유형

급수(문항수) / 출제영역	8급 (40)	7급 (50)	6급 (80)	5II급 (100)	5급 (100)	4II급 (100)	4급 (100)	3II급 (100)	3급 (150)	2급 (150)	1급 (180)
1. 한중상용한자 훈과 음	13	15	20	30	30	30	30	30	30	30	20
2. 한중상용한자어 독음	15	20	20	30	30	30	30	30	35	35	25
3. 한중상용한자(어)의 뜻풀이	5	8	9	9	9	9	9	9	15	15	15
4. 반의자(어)	2	2	3	3	3	3	3	3	5	5	5
5. 유의자(어)			3	3	3	3	3	3	5	5	5
6. 한자성어(고사성어)			3	3	3	3	3	3	5	5	5
7. 훈과 음에 맞는 간체자·번체자			5	5	5	5	5				
8. 부수			2	2	2	2	2	2			
9. 번체자를 간체자로 바꿔 쓰기			5	5	5	5	5	5	15	15	20
10. 간체자를 번체자로 바꿔 쓰기			5	5	5	5	5	5	15	15	20
11. 한중상용한자(어) 쓰기			5	5	5	5	5	5	10	10	40
12. 그림보고 한자 유추하기	5	5									
13. 한자어 같은 뜻, 다른 표현 (동음이의어, 이음동의어)									10	10	10
14. 국제시사용어/외래어 표현									5	5	10
15. 한중상용한자어 활용											5

※한중상용한자 쓰기는 급수별 배정한자를 반영, 6급부터 다루고 있습니다.
※4급 배정한자에는 한·중·일 공용한자(808자)가 모두 포함되어 있습니다.
※HNK는 '한자능력시험'이므로 중국어 발음은 출제 범위에 포함되지 않습니다.

5. 응시원서 접수 방법

- **인터넷 접수:** 홈페이지 www.hnktest.com 접속 ➡ 회원가입(로그인) ➡ 회차 선택 ➡ 급수선택
  개인정보 입력 및 사진 업로드 ➡ 고사장 선택 ➡ 응시료 결제 및 수험표 출력
- **방 문 접 수:** 각 지역본부 및 지사, 접수처 (증명사진 2매, 응시생 인적사항, 응시료 준비)
  응시원서는 홈페이지에서 다운로드 가능하며, 접수처에서 배부합니다.

사진규격 및 규정

- 인터넷 접수 시 jpg파일만 가능
  파일 크기- 50KB 이상 100KB 이하(100KB를 초과할 경우 업로드가 안됨)
  jpg파일 사이즈- 3×4cm(177×236픽셀)/스캔해상도 : 150dpi
- 사진은 최근 6개월 이내 촬영한 상반신 정면 컬러사진으로 접수
- 일반 스냅 사진, 핸드폰 및 디지털 카메라로 찍은 셀프사진, 측면 사진, 배경이 있는 사진,
  모자착용 및 규격사이즈 미달 사진은 불가

시험 당일 준비사항

- 수험표, 신분증(주민등록증, 청소년증, 학생증, 여권 중 택1)
- 필기도구 – 검정 펜, 수정 테이프, 2B 연필 등

응시자가 지켜야 할 사항

- 시험시작 10분 전까지 입실해야 합니다.
- 시험 중간 휴식 시간은 없으며, 시험 중 퇴실할 수 없습니다.
  만일 특별한 사유로 중도 퇴실을 원할 경우, 반드시 감독관의 동의를 얻어야 합니다.
- 시험규정과 고사장 수칙을 반드시 준수해야 하며, 위반 시 부정행위처리, 자격제한 등의 처벌
  을 받을 수 있습니다.
- 시험과 무관한 물건은 시험 시 휴대할 수 없습니다. 휴대폰, 전자사전 등은 전원을 끄고 배터
  리를 분리하여 지정된 장소에 옮겨 놓습니다. 만일 시험과 무관한 물품을 소지하여 발각될 경
  우 즉시 부정행위자로 처리됩니다.

합격 조회

- 시험일로부터 1개월 후 www.hnktest.com에서 조회 가능합니다.
- 문의 : 02-736-2031(내선 297)
  직통 070-4707-6915

>>> 나라마다 모양이 다른 한자 번체자와 간체자

한 가지의 일로 두 가지의 이익을 보는 것을 '일거양득'이라고 합니다.

일거양득을 한자로 쓸 때,

한국에서는 一擧兩得, 중국에서는 一举两得으로 쓰지요.
일　거　양　득

이처럼 한자에는 같은 뜻을 나타내지만 나라마다 모양이 조금씩 다른 것이 있어요.

지금, 중국에서는 옛날부터 사용해온 복잡하고 번거로운 한자인 번체자를 대신하여 글자의 획을 간단하게 줄여서 쓴 간체자를 사용하고 있답니다.

우리도 이제, 한자를 공부할 때 이렇게 모양이 다른 간체자까지 함께 배우면 어렵고 멀게만 느껴지던 중국어가 쉬워지겠지요.

이것이 바로, 도랑 치고 가재잡고, 일석이조, 일거양득이지요.

그럼, 번체자와 간체자가 어떻게 다른지 살펴볼까요?

	한(하나) 일	들(들다) 거	두(둘) 량	얻을(얻다) 득
한국식 한자 (번체자)	一	擧	兩	得
중국식 한자 (간체자)	一	举	两	得
일본식 한자 (약자)	一	挙	両	得

HNK 4_급

汉字能力考试

HNK 4급

선정한자 200
모아보기

※ 한국과 중국에서 다르게 표기되는 부수에 따른 간체자는 실지 않았습니다.

〈부수 표기 예〉

	갈 착	풀 초	보일 시
한국	⻌	⺿	示
중국	⻌	⺿	礻

번호	한자	간체자	훈음
1	街		거리 가
2	假		거짓, 빌릴 가
3	干		방패 간, 마를 간[건]
4	甲		껍질, 첫째 천간 갑
5	降		내릴 강/항복할 항
6	講	讲	익힐, 욀(외다) 강
7	康		편안할 강
8	居		살(살다) 거
9	檢	检	검사할 검
10	儉	俭	검소할 검
11	潔	洁	깨끗할 결
12	警		경계할, 깨우칠 경
13	慶	庆	경사 경
14	更		고칠 경/다시 갱
15	境		지경 경
16	經	经	지날, 날실, 경서 경
17	庚		일곱째 천간 경
18	戒		경계할 계
19	溪		시내 계
20	繼	继	이을(잇다) 계

번호	한자	간체자	훈음
21	癸		열째 천간 계
22	庫	库	곳집 고
23	谷		골(골짜기) 곡
24	官		벼슬 관
25	究		궁구할(연구할) 구
26	句		글귀 구
27	群		무리 군
28	權	权	권세 권
29	歸	归	돌아갈 귀
30	均		고를, 평평할 균
31	禁		금할 금
32	其		그 기
33	起		일어날 기
34	暖		따뜻할 난
35	難	难	어려울 난
36	納	纳	들일 납
37	乃		이에, 곧 내
38	怒		성낼 노
39	努		힘쓸 노
40	斷	断	끊을 단

번호	한자	간체자	훈음	번호	한자	간체자	훈음
41	壇	坛	단, 제단 단	64	密		빽빽할 밀
42	端		바를, 끝 단	65	飯	饭	밥 반
43	單	单	홑 단/나라 이름 선	66	防		막을 방
44	達	达	통달할, 이를 달	67	房	房	방 방
45	隊	队	무리 대	68	訪	访	찾을 방
46	徒		무리, 걸을 도	69	背		등 배
47	得		얻을 득	70	罰	罚	벌할, 벌줄 벌
48	燈	灯	등잔 등	71	丙		셋째 천간 병
49	略		간략할, 꾀 략	72	寶	宝	보배 보
50	連	连	잇닿을 련	73	保		지킬 보
51	列		벌일 렬	74	伏		엎드릴 복
52	烈		매울, 세찰 렬	75	復	复	돌아올 복/다시 부
53	錄	录	기록할 록	76	否		아닐 부
54	論	论	논할 론	77	佛		부처 불
55	倫	伦	인륜 륜	78	飛	飞	날(날다) 비
56	莫		없을 막	79	悲		슬플 비
57	滿	满	찰(가득 차다) 만	80	巳		뱀, 여섯째 지지 사
58	忘		잊을 망	81	絲	丝	실 사
59	牧		칠(치다) 목	82	寺		절 사
60	妙		묘할 묘	83	舍		집 사
61	卯		토끼, 넷째 지지 묘	84	散		흩을 산
62	戊		다섯째 천간 무	85	殺	杀	죽일 살/감할 쇄
63	務	务	힘쓸 무	86	狀	狀	모양 상/문서 장

번호	한자	간체자	훈음
87	想		생각 상
88	床		평상 상
89	聲	声	소리 성
90	細	细	가늘 세
91	稅		세금 세
92	掃	扫	쓸(쓸다) 소
93	笑		웃음 소
94	素		흴(희다), 본디 소
95	續	续	이을 속
96	俗		풍속 속
97	松		소나무 송
98	收		거둘 수
99	愁		근심 수
100	修		닦을 수
101	受		받을 수
102	授		줄(주다) 수
103	純	纯	순수할 순
104	戌		개, 열한째 지지 술
105	拾		주울 습/열 십
106	承		이을 승
107	息		쉴(쉬다) 식
108	識	识	알(알다) 식/표지 지
109	申		거듭, 원숭이, 아홉째 지지 신

번호	한자	간체자	훈음
110	我		나 아
111	餘	余(馀)	남을 여
112	與	与	줄(주다), 더불 여
113	逆		거스를 역
114	硏	研	갈(갈다) 연
115	煙	烟	연기 연
116	營	营	경영할 영
117	榮	荣	영화 영
118	藝	艺	재주 예
119	誤	误	그르칠 오
120	謠	谣	노래 요
121	曜		빛날 요
122	容		얼굴 용
123	遇		만날 우
124	員	员	인원 원
125	圓	圆	둥글 원
126	危		위태할 위
127	遺	遗	남길 유
128	酉		닭, 열째 지지 유
129	乳		젖 유
130	陰	阴	그늘 음
131	應	应	응할 응
132	依		의지할 의

번호	한자	간체자	훈음
133	異	异	다를 이
134	移		옮길 이
135	益	益	더할 익
136	印		도장 인
137	寅		범, 셋째 지지 인
138	認	认	알(알다) 인
139	壬		아홉째 천간 임
140	壯	壮	장할, 씩씩할 장
141	適	适	맞을 적
142	專	专	오로지 전
143	切		끊을 절/모두 체
144	絕	绝	끊을 절
145	點	点	점 점
146	接		이을(잇다) 접
147	井		우물 정
148	除		덜(덜다) 제
149	制		절제할 제
150	製	制	지을(짓다) 제
151	兆		조, 조짐 조
152	造		지을(짓다) 조
153	尊		높을 존
154	宗		마루 종
155	罪		허물 죄

번호	한자	간체자	훈음
156	朱		붉을 주
157	衆	众	무리 중
158	持		가질 지
159	指		손가락, 가리킬 지
160	之		갈(가다), 어조사 지
161	職	职	직분, 맡을 직
162	辰		용, 다섯째 지지, 별 진/때 신
163	着	着	붙을 착
164	察		살필 찰
165	唱		부를 창
166	創	创	비롯할 창
167	聽	听	들을 청
168	請	请	청할 청
169	丑		소, 둘째 지지 축
170	取		가질 취
171	治		다스릴 치
172	針	针	바늘 침
173	快		쾌할, 빠를 쾌
174	炭		숯 탄
175	脫		벗을 탈
176	探		찾을 탐
177	討	讨	칠(치다) 토
178	破		깨뜨릴 파

번호	한자	간체자	훈음
179	板		널빤지 판
180	判		판단할 판
181	閉	闭	닫을 폐
182	布		베, 펼(펴다) 포
183	暴		사나울 포, 폭
184	包		쌀(싸다) 포
185	票		표, 쪽지 표
186	亥		돼지, 열두 번째 지지 해
187	解		풀(풀다) 해
188	鄕	乡	시골 향
189	虛	虚	빌(비다) 허

번호	한자	간체자	훈음
190	驗	验	시험 험
191	賢	贤	어질 현
192	協	协	도울 협
193	呼		부를, 숨 내쉴 호
194	貨	货	재물, 재화 화
195	華	华	빛날 화
196	效		본받을 효
197	候		물을, 기후 후
198	吸		마실, 숨 들이쉴 흡
199	興	兴	일(일어날) 흥
200	希		바랄(바라다) 희

UNIT 00

- 4II급 선정한자 200
- 확인하기

001 價	훈 음 값 가	부 수 人(사람 인)	획 수 총15획	간체자 价 [jià], [jie]
	활용어 價格(가격), 時價(시가)			

002 看	훈 음 볼(보다) 간	부 수 目(눈 목)	획 수 총9획	
	활용어 看過(간과), 看病(간병)			

003 甘	훈 음 달(달다) 감	부 수 甘(달 감)	획 수 총5획	
	활용어 甘味(감미), 甘草(감초)			

004 減	훈 음 덜(덜다) 감	부 수 水(물 수)	획 수 총12획	간체자 减 [jiǎn]
	활용어 減少(감소), 加減(가감)			

005 監	훈 음 볼(보다) 감	부 수 皿(그릇 명)	획 수 총14획	간체자 监 [jiān]
	활용어 監視(감시), 監査(감사)			

006 改	훈 음 고칠 개	부 수 攵(칠 복)	획 수 총7획	
	활용어 改善(개선), 改名(개명)			

007 個	훈 음 낱 개	부 수 人(사람 인)	획 수 총10획	간체자 个 [gè]
	활용어 個性(개성), 個別(개별)			

008 擧	훈 음 들(들다) 거	부 수 手(손 수)	획 수 총18획	간체자 举 [jǔ]
	활용어 擧手(거수), 科擧(과거)			

009 巨	훈 음 클(크다) 거	부 수 工(장인 공)	획 수 총5획	
	활용어 巨大(거대), 巨星(거성)			

010 件	훈 음 사건 건	부 수 人(사람 인)	획 수 총6획	
	활용어 物件(물건), 事件(사건)			

011 建	훈 음 세울 건	부 수 廴(길게 걸을 인)	획 수 총9획	
	활용어 建立(건립), 再建(재건)			

012 健	훈 음 굳셀(튼튼하다) 건	부 수 人(사람 인)	획 수 총11획	
	활용어 健全(건전), 健實(건실)			

013 競	훈 음 다툴 경	부 수 立(설 립)	획 수 총20획	간체자 竞 [jìng]
	활용어 競技(경기), 競走(경주)			

| 014 | 景 | 훈 음 볕, 경치 **경** | 부 수 日(날 일) | 획 수 총12획 |
| | | 활용어 **景品**(경품), **風景**(풍경), | | |

| 015 | 季 | 훈 음 계절 **계** | 부 수 子(아들 자) | 획 수 총8획 |
| | | 활용어 **季節**(계절), **四季**(사계) | | |

| 016 | 固 | 훈 음 굳을 **고** | 부 수 口(에울 위) | 획 수 총8획 |
| | | 활용어 **固體**(고체), **固定**(고정) | | |

| 017 | 故 | 훈 음 연고, 까닭 **고** | 부 수 攵(칠 복) | 획 수 총9획 |
| | | 활용어 **故事**(고사), **事故**(사고) | | |

| 018 | 骨 | 훈 음 뼈 **골** | 부 수 骨(뼈 골) | 획 수 총10획 | 간체자 骨 [gǔ] |
| | | 활용어 **骨格**(골격), **骨肉**(골육) | | | |

| 019 | 課 | 훈 음 공부할, 매길 **과** | 부 수 言(말씀 언) | 획 수 총15획 | 간체자 课 [kè] |
| | | 활용어 **課題**(과제), **課外**(과외) | | | |

| 020 | 關 | 훈 음 관계할, 빗장 **관** | 부 수 門(문 문) | 획 수 총19획 | 간체자 关 [guān] |
| | | 활용어 **關心**(관심), **相關**(상관) | | | |

확인하기 01

❶ 다음 한자의 뜻과 음을 쓰세요.

(1) 價 (   ) (2) 甘 (   )

(3) 改 (   ) (4) 巨 (   )

❷ 다음 한자어의 독음을 쓰세요.

(1) 看過 (   ) (2) 監視 (   )

(3) 改善 (   ) (4) 巨大 (   )

❸ 다음 한자의 간체자를 보기 에서 찾아 쓰세요.

| 보기 | 价 | 减 | 監 | 个 | 举 | 关 |

(1) 關 관계할, 빗장 관 (   ) (2) 個 낱 개 (   )

(3) 監 볼 감 (   ) (4) 價 값 가 (   )

021	觀	훈 음 볼(보다) 관	부 수 見(볼 견)	획 수 총25획	간체자 观 [guān]
		활용어 觀光(관광), 客觀(객관)			

022	廣	훈 음 넓을 광	부 수 广(집 엄)	획 수 총15획	간체자 广 [guǎng]
		활용어 廣告(광고), 廣場(광장)			

023	橋	훈 음 다리 교	부 수 木(나무 목)	획 수 총16획	간체자 桥 [qiáo]
		활용어 陸橋(육교), 大橋(대교)			

024	具	훈 음 갖출 구	부 수 八(여덟 팔)	획 수 총8획	
		활용어 具現(구현), 道具(도구)			

025	求	훈 음 구할 구	부 수 水(물 수)	획 수 총7획	
		활용어 求愛(구애), 要求(요구)			

026	救	훈 음 도울 구	부 수 攵(칠 복)	획 수 총11획	
		활용어 救急(구급), 救出(구출)			

027	舊	훈 음 예(옛) 구	부 수 臼(절구 구)	획 수 총18획	간체자 旧 [jiǔ]
		활용어 舊式(구식), 新舊(신구)			

028	久	훈 음 오랠 구	부 수 丿(삐침 별)	획 수 총3획	
		활용어 久久(구구), 永久(영구)			

029	局	훈 음 판 국	부 수 尸(주검 시)	획 수 총7획	
		활용어 局限(국한), 藥局(약국)			

030	君	훈 음 임금 군	부 수 口(입 구)	획 수 총7획	
		활용어 君子(군자), 君臣(군신)			

031	弓	훈 음 활 궁	부 수 弓(활 궁)	획 수 총3획	
		활용어 弓術(궁술), 洋弓(양궁)			

032	規	훈 음 법 규	부 수 見(볼 견)	획 수 총11획	간체자 规 [guī]
		활용어 規則(규칙), 法規(법규)			

033	極	훈 음 다할 극	부 수 木(나무 목)	획 수 총13획	간체자 极 [jí]
		활용어 極致(극치), 南極(남극)			

034 及	훈 음 미칠 **급**	부 수 又(또 우)	획 수 총4획
	활용어 及第(급제), 言及(언급)		

035 給	훈 음 줄(주다) **급**	부 수 糸(실 사)	획 수 총12획	간체자 给 [gěi], [jǐ]
	활용어 給食(급식), 支給(지급)			

036 器	훈 음 그릇 **기**	부 수 口(입 구)	획 수 총16획
	활용어 器具(기구), 土器(토기)		

037 期	훈 음 기약할 **기**	부 수 月(달 월)	획 수 총12획
	활용어 期約(기약), 期間(기간)		

038 汽	훈 음 물 끓는 김 **기**	부 수 水(물 수)	획 수 총7획
	활용어 汽車(기차), 汽船(기선)		

039 技	훈 음 재주 **기**	부 수 手(손 수)	획 수 총7획
	활용어 技術(기술), 競技(경기)		

040 基	훈 음 터 **기**	부 수 土(흙 토)	획 수 총11획
	활용어 基本(기본), 基地(기지)		

확인하기 02

❶ 다음 한자의 뜻과 음을 쓰세요.

(1) 橋　(　　　　　)　　(2) 救　(　　　　　　)

(3) 久　(　　　　　)　　(4) 君　(　　　　　　)

❷ 다음 한자어의 독음을 쓰세요.

(1) 技術　(　　　　)　　(2) 給食　(　　　　　)

(3) 君臣　(　　　　)　　(4) 藥局　(　　　　　)

❸ 다음 한자의 간체자를 보기에서 찾아 쓰세요.

보기	观	广	桥	旧	给	极

(1) 極 다할 극　(　　　)　　(2) 給 줄(주다) 급　(　　　)

(3) 廣 넓을 광　(　　　)　　(4) 舊 예(옛) 구　(　　　)

041	念	훈 음 생각 **념**	부 수 心(마음 심)	획 수 총8획	
		활용어 念頭(염두), 記念(기념)			

042	團	훈 음 모일, 둥글 **단**	부 수 囗(에울 위)	획 수 총14획	간체자 团 [tuán]
		활용어 團結(단결), 團束(단속)			

043	丹	훈 음 붉을 **단**	부 수 丶(점 주)	획 수 총4획	
		활용어 丹靑(단청), 丹田(단전)			

044	談	훈 음 말씀 **담**	부 수 言(말씀 언)	획 수 총15획	간체자 谈 [tán]
		활용어 談話(담화), 美談(미담)			

045	都	훈 음 도읍, 모두 **도**	부 수 邑(고을 읍)	획 수 총12획	간체자 都 [du], [dōu]
		활용어 都市(도시), 首都(수도)			

046	島	훈 음 섬 **도**	부 수 山(산 산)	획 수 총10획	간체자 岛 [dǎo]
		활용어 獨島(독도), 韓半島(한반도)			

047	到	훈 음 이를 **도**	부 수 刀(칼 도)	획 수 총8획	
		활용어 到處(도처), 到來(도래)			

048	獨	훈 음 홀로 **독**	부 수 犬(개 견)	획 수 총16획	간체자 独 [dú]
		활용어 獨自(독자), 獨步的(독보적)			

049	豆	훈 음 콩 **두**	부 수 豆(콩 두)	획 수 총7획	
		활용어 大豆(대두), 綠豆(녹두)			

050	朗	훈 음 밝을 **랑**	부 수 月(달 월)	획 수 총11획	간체자 朗 [lǎng]
		활용어 朗報(낭보), 明朗(명랑)			

051	冷	훈 음 찰(차다) **랭**	부 수 冫(얼음 빙)	획 수 총7획	간체자 冷 [lěng]
		활용어 冷水(냉수), 溫冷(온랭)			

052	兩	훈 음 두(둘) **량**	부 수 入(들 입)	획 수 총8획	간체자 两 [liǎng]
		활용어 兩班(양반), 兩極化(양극화)			

053	量	훈 음 헤아릴 **량**	부 수 里(마을 리)	획 수 총12획	
		활용어 量産(양산), 減量(감량)			

054	旅	훈 음 나그네 **려**	부 수 方(모 방)	획 수 총10획	
		활용어 **旅行**(여행), **旅團**(여단)			

055	練	훈 음 익힐 **련**	부 수 糸(실 사)	획 수 총15획	간체자 练 [liàn]
		활용어 **練習**(연습), **訓練**(훈련)			

056	領	훈 음 옷깃, 거느릴 **령**	부 수 頁(머리 혈)	획 수 총14획	간체자 领 [lǐng]
		활용어 **要領**(요령), **大統領**(대통령)			

057	令	훈 음 명령할 **령**	부 수 人(사람 인)	획 수 총5획	간체자 令 [lìng]
		활용어 **命令**(명령), **口令**(구령)			

058	料	훈 음 헤아릴 **료**	부 수 斗(말 두)	획 수 총10획	
		활용어 **材料**(재료), **料理**(요리)			

059	類	훈 음 무리 **류**	부 수 頁(머리 혈)	획 수 총19획	간체자 类 [lèi]
		활용어 **分類**(분류), **同類**(동류)			

060	陸	훈 음 뭍(땅) **륙**	부 수 阜(언덕 부)	획 수 총11획	간체자 陆 [lù]
		활용어 **陸軍**(육군), **內陸**(내륙)			

확인하기 03

❶ 다음 한자의 뜻과 음을 쓰세요.

(1) 念　(　　　　　　　)　　(2) 料　(　　　　　　　　)

(3) 量　(　　　　　　　)　　(4) 到　(　　　　　　　　)

❷ 다음 한자어의 독음을 쓰세요.

(1) 陸軍　(　　　　　　)　　(2) 要領　(　　　　　　　)

(3) 旅行　(　　　　　　)　　(4) 明朗　(　　　　　　　)

❸ 다음 한자의 간체자를 보기 에서 찾아 쓰세요.

보기	団　类　陆　两　独　岛

(1) 獨 홀로 독　(　　　)　　(2) 團 모일, 둥글 단 (　　　)

(3) 類 무리 류　(　　　)　　(4) 陸 뭍 륙　　(　　　)

061	律	훈음 법률, 법칙 **률**	부수 彳(조금 걸을 척)	획수 총9획
		활용어 **法律**(법률), **自律**(자율)		

062	望	훈음 바랄 **망**	부수 月(달 월)	획수 총11획
		활용어 **失望**(실망), **所望**(소망)		

063	妹	훈음 손아래 누이 **매**	부수 女(여자 녀)	획수 총8획
		활용어 **妹弟**(매제), **男妹**(남매)		

064	沐	훈음 목욕할, 머리 감을 **목**	부수 水(물 수)	획수 총7획
		활용어 **沐浴**(목욕), **沐間**(목간)		

065	武	훈음 굳셀 **무**	부수 止(그칠 지)	획수 총8획
		활용어 **武器**(무기), **武勇談**(무용담)		

066	尾	훈음 꼬리 **미**	부수 尸(주검 시)	획수 총7획
		활용어 **尾行**(미행), **大尾**(대미)		

067	未	훈음 아닐, 아직 **미**	부수 木(나무 목)	획수 총5획
		활용어 **未練**(미련), **未來**(미래)		

068	味	훈음 맛 **미**	부수 口(입 구)	획수 총8획
		활용어 **風味**(풍미), **意味**(의미)		

069	倍	훈음 곱(갑절) **배**, 등질 **패**	부수 人(사람 인)	획수 총10획
		활용어 **倍加**(배가), **倍數**(배수)		

070	拜	훈음 절 **배**	부수 手(손 수)	획수 총9획
		활용어 **參拜**(참배), **禮拜**(예배)		

071	伐	훈음 칠(치다) **벌**	부수 人(사람 인)	획수 총6획
		활용어 **伐草**(벌초), **伐木**(벌목)		

072	凡	훈음 무릇 **범**	부수 几(안석 궤)	획수 총3획
		활용어 **凡常**(범상), **平凡**(평범)		

073	變	훈음 변할 **변**	부수 言(말씀 언)	획수 총23획	간체자 変 [biàn]
		활용어 **變形**(변형), **變動**(변동)			

074 報	훈 음 갚을, 알릴 **보**	부 수 土(흙 토)	획 수 총12획	간체자 报 [bào]
	활용어 **報答**(보답), **報道**(보도)			

075 富	훈 음 부자, 부유할 **부**	부 수 宀(집 면)	획 수 총12획	
	활용어 **富貴**(부귀), **巨富**(거부)			

076 婦	훈 음 아내(지어미), 며느리 **부**	부 수 女(여자 녀)	획 수 총11획	간체자 妇 [fù]
	활용어 **夫婦**(부부), **主婦**(주부)			

077 備	훈 음 갖출 **비**	부 수 人(사람 인)	획 수 총12획	간체자 备 [bèi]
	활용어 **對備**(대비), **常備藥**(상비약)			

078 比	훈 음 견줄 **비**	부 수 比(견줄 비)	획 수 총4획	
	활용어 **比重**(비중), **比例**(비례)			

079 費	훈 음 쓸(쓰다) **비**	부 수 貝(조개 패)	획 수 총12획	간체자 费 [fèi]
	활용어 **費用**(비용), **學費**(학비)			

080 非	훈 음 아닐 **비**	부 수 非(아닐 비)	획 수 총8획	
	활용어 **非理**(비리), **是非**(시비)			

확인하기 04

❶ 다음 한자의 뜻과 음을 쓰세요.

(1) 比　(　　　　　) 　　(2) 凡　(　　　　　)

(3) 倍　(　　　　　) 　　(4) 武　(　　　　　)

❷ 다음 한자어의 독음을 쓰세요.

(1) 沐浴　(　　　　) 　　(2) 未來　(　　　　)

(3) 意味　(　　　　) 　　(4) 夫婦　(　　　　)

❸ 다음 한자의 간체자를 보기 에서 찾아 쓰세요.

보기 　变　妇　备　费　报

(1) 報 갚을, 알릴 보 (　　) 　　(2) 變 변할 변 (　　)

(3) 備 갖출 비 (　　) 　　(4) 婦 아내 부 (　　)

| 081 | 鼻 | 훈 음 코 비 | 부 수 鼻(코 비) | 획 수 총14획 | |
| | | 활용어 鼻音(비음), 耳目口鼻(이목구비) | | | |

| 082 | 貧 | 훈 음 가난할 빈 | 부 수 貝(조개 패) | 획 수 총11획 | 간체자 贫 [pín] |
| | | 활용어 貧富(빈부), 貧血(빈혈) | | | |

| 083 | 寫 | 훈 음 베낄 사 | 부 수 宀(집 면) | 획 수 총15획 | 간체자 写 [xiě] |
| | | 활용어 寫本(사본), 寫眞(사진) | | | |

| 084 | 謝 | 훈 음 사례할 사 | 부 수 言(말씀 언) | 획 수 총17획 | 간체자 谢 [xiè] |
| | | 활용어 謝禮(사례), 感謝(감사) | | | |

| 085 | 師 | 훈 음 스승 사 | 부 수 巾(수건 건) | 획 수 총10획 | 간체자 师 [shī] |
| | | 활용어 師弟(사제), 教師(교사) | | | |

| 086 | 査 | 훈 음 조사할 사 | 부 수 木(나무 목) | 획 수 총9획 | |
| | | 활용어 調査(조사), 査定(사정) | | | |

| 087 | 産 | 훈 음 낳을 산 | 부 수 生(날 생) | 획 수 총11획 | 간체자 产 [chǎn] |
| | | 활용어 産業(산업), 財産(재산) | | | |

| 088 | 賞 | 훈 음 상줄 상 | 부 수 貝(조개 패) | 획 수 총15획 | 간체자 赏 [shǎng] |
| | | 활용어 賞品(상품), 賞金(상금) | | | |

| 089 | 商 | 훈 음 장사 상 | 부 수 口(입 구) | 획 수 총11획 | |
| | | 활용어 商品(상품), 商術(상술) | | | |

| 090 | 常 | 훈 음 항상, 떳떳할 상 | 부 수 巾(수건 건) | 획 수 총11획 | |
| | | 활용어 常用(상용), 正常(정상) | | | |

| 091 | 序 | 훈 음 차례 서 | 부 수 广(집 엄) | 획 수 총7획 | |
| | | 활용어 序頭(서두), 順序(순서) | | | |

| 092 | 選 | 훈 음 가릴 선 | 부 수 辶(쉬엄쉬엄 갈 착) | 획 수 총16획 | 간체자 选 [xuǎn] |
| | | 활용어 選別(선별), 當選(당선) | | | |

| 093 | 鮮 | 훈 음 고울 선 | 부 수 魚(물고기 어) | 획 수 총17획 | 간체자 鲜 [xiān] |
| | | 활용어 鮮明(선명), 新鮮(신선) | | | |

094	船	훈 음 배 **선**	부 수 舟(배 주)	획 수 총11획
		활용어 **船長**(선장), **漁船**(어선)		

095	仙	훈 음 신선 **선**	부 수 人(사람 인)	획 수 총5획
		활용어 **神仙**(신선), **仙女**(선녀)		

096	善	훈 음 착할, 잘할 **선**	부 수 口(입 구)	획 수 총12획
		활용어 **善良**(선량), **改善**(개선)		

097	說	훈 음 말씀 **설**	부 수 言(말씀 언)	획 수 총14획	간체자 说 [shuō]
		활용어 **說明**(설명), **說話**(설화)			

098	舌	훈 음 혀 **설**	부 수 舌(혀 설)	획 수 총6획
		활용어 **口舌**(구설), **舌戰**(설전)		

099	星	훈 음 별 **성**	부 수 日(날 일)	획 수 총9획
		활용어 **行星**(행성), **流星**(유성)		

100	聖	훈 음 성스러울 **성**	부 수 耳(귀 이)	획 수 총13획	간체자 圣 [shèng]
		활용어 **聖君**(성군), **神聖**(신성)			

확인하기 05

① 다음 한자의 뜻과 음을 쓰세요.

(1) 舌 (　　　　　)   (2) 仙 (　　　　　)

(3) 序 (　　　　　)   (4) 査 (　　　　　)

② 다음 한자어의 독음을 쓰세요.

(1) 感謝 (　　　　　)   (2) 師弟 (　　　　　)

(3) 正常 (　　　　　)   (4) 鮮明 (　　　　　)

③ 다음 한자의 간체자를 보기 에서 찾아 쓰세요.

보기	圣	选	产	师	写	贫

(1) 寫 베낄 사 (　　)   (2) 聖 성스러울 성 (　　)

(3) 産 낳을 산 (　　)   (4) 選 가릴 선 (　　)

| 101 盛 | 훈 음 성할 **성** | 부 수 皿(그릇 명) | 획 수 총12획 |
| | 활용어 **盛業**(성업), **盛大**(성대) | | |

| 102 城 | 훈 음 성(재) **성** | 부 수 土(흙 토) | 획 수 총10획 |
| | 활용어 **土城**(토성), **不夜城**(불야성) | | |

| 103 誠 | 훈 음 정성 **성** | 부 수 言(말씀 언) | 획 수 총14획 | 간체자 诚 [chéng] |
| | 활용어 **誠實**(성실), **孝誠**(효성) | | | |

| 104 勢 | 훈 음 형세 **세** | 부 수 力(힘 력) | 획 수 총13획 | 간체자 势 [shì] |
| | 활용어 **勢力**(세력), **形勢**(형세) | | | |

| 105 歲 | 훈 음 해 **세** | 부 수 止(그칠 지) | 획 수 총13획 | 간체자 岁 [suì] |
| | 활용어 **歲月**(세월), **萬歲**(만세) | | | |

| 106 束 | 훈 음 묶을 **속** | 부 수 木(나무 목) | 획 수 총7획 |
| | 활용어 **約束**(약속), **団束**(단속) | | |

| 107 送 | 훈 음 보낼 **송** | 부 수 辵(쉬엄쉬엄 갈 착) | 획 수 총10획 |
| | 활용어 **運送**(운송), **送別會**(송별회) | | |

| 108 守 | 훈 음 지킬 **수** | 부 수 宀(집 면) | 획 수 총6획 |
| | 활용어 **守備**(수비), **固守**(고수) | | |

| 109 視 | 훈 음 볼(보다) **시** | 부 수 見(볼 견) | 획 수 총12획 | 간체자 视 [shì] |
| | 활용어 **視線**(시선), **監視**(감시) | | | |

| 110 試 | 훈 음 시험 **시** | 부 수 言(말씀 언) | 획 수 총13획 | 간체자 试 [shì] |
| | 활용어 **試食**(시식), **入試**(입시) | | | |

| 111 是 | 훈 음 옳을 **시** | 부 수 日(날 일) | 획 수 총9획 |
| | 활용어 **是正**(시정), **必是**(필시) | | |

| 112 辛 | 훈 음 매울 **신** | 부 수 辛(매울 신) | 획 수 총7획 |
| | 활용어 **香辛料**(향신료), **千辛萬苦**(천신만고) | | |

| 113 氏 | 훈 음 성씨 **씨** | 부 수 氏(성씨 씨) | 획 수 총4획 |
| | 활용어 **氏族**(씨족), **姓氏**(성씨) | | |

114	惡	훈음 나쁠 **악**, 미워할 **오**	부수 心(마음 심)	획수 총12획	간체자 恶 [è], [wù]
		활용어 **惡談**(악담), **善惡**(선악)			

115	眼	훈음 눈 **안**	부수 目(눈 목)	획수 총11획
		활용어 **眼目**(안목), **血眼**(혈안)		

116	案	훈음 책상, 생각 **안**	부수 木(나무 목)	획수 총10획
		활용어 **案件**(안건), **考案**(고안)		

117	暗	훈음 어두울 **암**	부수 日(날 일)	획수 총13획
		활용어 **暗示**(암시), **明暗**(명암)		

118	若	훈음 만약 **약**, 반야 **야**	부수 艹(풀 초)	획수 총9획
		활용어 **萬若**(만약), **明若觀火**(명약관화)		

119	約	훈음 맺을, 묶을 **약**	부수 糸(실 사)	획수 총9획	간체자 约 [yuē]
		활용어 **約束**(약속), **節約**(절약)			

120	養	훈음 기를 **양**	부수 食(먹을 식)	획수 총15획	간체자 养 [yǎng]
		활용어 **養成**(양성), **敎養**(교양)			

확인 하기 06

❶ 다음 한자의 뜻과 음을 쓰세요.

(1) 辛 (   )   (2) 案 (   )

(3) 氏 (   )   (4) 守 (   )

❷ 다음 한자어의 독음을 쓰세요.

(1) 約束 (   )   (2) 善惡 (   )

(3) 明暗 (   )   (4) 養成 (   )

❸ 다음 한자의 간체자를 보기 에서 찾아 쓰세요.

보기	约	养	视	诚	势	岁

(1) 歲 해 세   (   )   (2) 養 기를 양   (   )

(3) 勢 권세 세   (   )   (4) 視 볼 시   (   )

| 121 | 熱 | 훈 음 더울 **열** | 부 수 火(불 화) | 획 수 총15획 | 간체자 热 [rè] |
| | | 활용어 **熱誠**(열성), **熱量**(열량) | | | |

| 122 | 葉 | 훈 음 잎 **엽** | 부 수 艸(풀 초) | 획 수 총13획 | 간체자 叶 [yè] |
| | | 활용어 **葉書**(엽서), **末葉**(말엽) | | | |

| 123 | 屋 | 훈 음 집 **옥** | 부 수 尸(주검 시) | 획 수 총9획 | |
| | | 활용어 **屋上**(옥상), **家屋**(가옥) | | | |

| 124 | 完 | 훈 음 완전할 **완** | 부 수 宀(집 면) | 획 수 총7획 | |
| | | 활용어 **完成**(완성), **完全**(완전) | | | |

| 125 | 往 | 훈 음 갈(가다) **왕** | 부 수 彳(조금 걸을 척) | 획 수 총8획 | |
| | | 활용어 **往來**(왕래), **往年**(왕년) | | | |

| 126 | 浴 | 훈 음 목욕할 **욕** | 부 수 水(물 수) | 획 수 총10획 | |
| | | 활용어 **浴室**(욕실), **日光浴**(일광욕) | | | |

| 127 | 雨 | 훈 음 비 **우** | 부 수 雨(비 우) | 획 수 총8획 | |
| | | 활용어 **雨天**(우천), **雨期**(우기) | | | |

| 128 | 雄 | 훈 음 수컷, 씩씩할 **웅** | 부 수 隹(새 추) | 획 수 총12획 | |
| | | 활용어 **英雄**(영웅), **雄大**(웅대) | | | |

| 129 | 願 | 훈 음 원할 **원** | 부 수 頁(머리 혈) | 획 수 총19획 | 간체자 愿 [yuàn] |
| | | 활용어 **願書**(원서), **念願**(염원) | | | |

| 130 | 偉 | 훈 음 클, 훌륭할 **위** | 부 수 人(사람 인) | 획 수 총11획 | 간체자 伟 [wěi] |
| | | 활용어 **偉大**(위대), **偉人**(위인) | | | |

| 131 | 爲 | 훈 음 할(하다) **위** | 부 수 爪(손톱 조) | 획 수 총12획 | 간체자 为 [wèi] |
| | | 활용어 **行爲**(행위), **爲主**(위주) | | | |

| 132 | 恩 | 훈 음 은혜 **은** | 부 수 心(마음 심) | 획 수 총10획 | |
| | | 활용어 **恩人**(은인), **恩德**(은덕) | | | |

| 133 | 義 | 훈 음 옳을 **의** | 부 수 羊(양 양) | 획 수 총13획 | 간체자 义 [yì] |
| | | 활용어 **義理**(의리), **主義**(주의) | | | |

134	引	훈 음 끌(끌다) 인	부 수 弓(활 궁)	획 수 총4획

활용어 引上(인상), 引用(인용)

135	仁	훈 음 어질 인	부 수 人(사람 인)	획 수 총4획

활용어 仁術(인술), 仁義(인의)

136	姉	훈 음 손위 누이 자	부 수 女(여자 녀)	획 수 총8획

활용어 姉妹(자매), 兄弟姉妹(형제자매)

137	將	훈 음 장수, 장차 장	부 수 寸(마디 촌)	획 수 총11획	간체자 将 [jiāng]

활용어 將來(장래), 名將(명장)

138	財	훈 음 재물 재	부 수 貝(조개 패)	획 수 총10획	간체자 财 [cái]

활용어 財物(재물), 財團(재단)

139	災	훈 음 재앙 재	부 수 火(불 화)	획 수 총7획	간체자 灾 [zāi]

활용어 火災(화재), 災害(재해)

140	爭	훈 음 다툴 쟁	부 수 爪(손톱 조)	획 수 총8획	간체자 争 [zhēng]

활용어 戰爭(전쟁), 言爭(언쟁)

확인 하기 07

❶ 다음 한자의 뜻과 음을 쓰세요.

(1) 屋 (   )   (2) 雄 (   )

(3) 引 (   )   (4) 仁 (   )

❷ 다음 한자어의 독음을 쓰세요.

(1) 戰爭 (   )   (2) 恩人 (   )

(3) 念願 (   )   (4) 往來 (   )

❸ 다음 한자의 간체자를 보기 에서 찾아 쓰세요.

보기   将   灾   叶   伟   为   义

(1) 義 옳을 의   (   )   (2) 葉 잎 엽   (   )

(3) 偉 클(훌륭할) 위 (   )   (4) 爲 할 위   (   )

141 低	훈 음 낮을 저	부 수 人(사람 인)	획 수 총7획	간체자 低 [dī]
	활용어 低價(저가), 低溫(저온)			

142 貯	훈 음 쌓을 저	부 수 貝(조개 패)	획 수 총12획	간체자 贮 [zhù]
	활용어 貯金(저금), 貯水地(저수지)			

143 敵	훈 음 원수 적	부 수 攵(칠 복)	획 수 총15획	간체자 敌 [dí]
	활용어 敵手(적수), 對敵(대적)			

144 傳	훈 음 전할 전	부 수 人(사람 인)	획 수 총13획	간체자 传 [chuán]
	활용어 傳說(전설), 口傳(구전)			

145 節	훈 음 마디 절	부 수 竹(대 죽)	획 수 총15획	간체자 节 [jié]
	활용어 節減(절감), 調節(조절)			

146 店	훈 음 가게 점	부 수 广(집 엄)	획 수 총8획	
	활용어 書店(서점), 本店(본점)			

147 情	훈 음 뜻 정	부 수 心(마음 심)	획 수 총11획	간체자 情 [qíng]
	활용어 情報(정보), 人情(인정)			

148 停	훈 음 머무를 정	부 수 人(사람 인)	획 수 총11획	
	활용어 急停車(급정거), 停止(정지)			

149 丁	훈 음 장정 정	부 수 一(한 일)	획 수 총2획	
	활용어 兵丁(병정), 白丁(백정)			

150 精	훈 음 자세할 정	부 수 米(쌀 미)	획 수 총14획	간체자 精 [jīng]
	활용어 精神(정신), 精米所(정미소)			

151 政	훈 음 정사, 정치 정	부 수 攵(칠 복)	획 수 총9획	
	활용어 政界(정계), 政治(정치)			

152 祭	훈 음 제사 제	부 수 示(보일 시)	획 수 총11획	
	활용어 祭禮(제례), 祝祭(축제)			

153 調	훈 음 고를, 조사할 조	부 수 言(말씀 언)	획 수 총15획	
	간체자 调 [tiáo], [diào]	활용어 調停(조정), 調和(조화)		

154	助	훈 음 도울 조	부 수 力(힘 력)	획 수 총7획	
		활용어 助言(조언), 內助(내조)			

155	鳥	훈 음 새 조	부 수 鳥(새 조)	획 수 총11획	간체자 鸟 [niǎo]
		활용어 鳥類(조류), 吉鳥(길조)			

156	早	훈 음 이를 조	부 수 日(날 일)	획 수 총6획	
		활용어 早期(조기), 早退(조퇴)			

157	操	훈 음 잡을 조	부 수 手(손 수)	획 수 총16획	
		활용어 操心(조심), 操作(조작)			

158	存	훈 음 있을 존	부 수 子(아들 자)	획 수 총6획	
		활용어 存在(존재), 共存(공존)			

159	終	훈 음 마칠 종	부 수 糸(실 사)	획 수 총11획	간체자 终 [zhōng]
		활용어 終結(종결), 始終(시종)			

160	種	훈 음 씨 종	부 수 禾(벼 화)	획 수 총14획	간체자 种 [zhǒng]
		활용어 種類(종류), 各種(각종)			

확인하기 08

❶ 다음 한자의 뜻과 음을 쓰세요.

(1) 貯 (   )　　(2) 停 (   )

(3) 調 (   )　　(4) 店 (   )

❷ 다음 한자어의 독음을 쓰세요.

(1) 低溫 (   )　　(2) 精神 (   )

(3) 內助 (   )　　(4) 早退 (   )

❸ 다음 한자의 간체자를 보기 에서 찾아 쓰세요.

보기	貯	敌	传	节	终	种

(1) 敵 원수 적 (   )　　(2) 傳 전할 전 (   )

(3) 節 마디 절 (   )　　(4) 種 씨 종 (   )

161 坐	훈 음 앉을 **좌**	부 수 土(흙 토)	획 수 총7획
	활용어 **坐視**(좌시), **對坐**(대좌)		

162 走	훈 음 달릴 **주**	부 수 走(달릴 주)	획 수 총7획
	활용어 **走行**(주행), **獨走**(독주)		

163 週	훈 음 돌(돌다) **주**	부 수 辶(쉬엄쉬엄 갈 착)	획 수 총12획	간체자 周 [zhōu]
	활용어 **週期**(주기), **週間**(주간)			

164 增	훈 음 더할 **증**	부 수 土(흙 토)	획 수 총15획	간체자 增 [zēng]
	활용어 **增加**(증가), **急增**(급증)			

165 志	훈 음 뜻 **지**	부 수 心(마음 심)	획 수 총7획
	활용어 **志願**(지원), **同志**(동지)		

166 至	훈 음 이를 **지**	부 수 至(이를 지)	획 수 총6획
	활용어 **至誠**(지성), **至上**(지상)		

167 支	훈 음 지탱할, 가를 **지**	부 수 支(지탱할 지)	획 수 총4획
	활용어 **支給**(지급), **支流**(지류)		

168 進	훈 음 나아갈 **진**	부 수 辶(쉬엄쉬엄 갈 착)	획 수 총12획	간체자 进 [jìn]
	활용어 **進步**(진보), **前進**(전진)			

169 眞	훈 음 참 **진**	부 수 目(눈 목)	획 수 총10획	간체자 真 [zhēn]
	활용어 **眞實**(진실), **眞理**(진리)			

170 質	훈 음 바탕 **질**	부 수 貝(조개 패)	획 수 총15획	간체자 质 [zhì]
	활용어 **質問**(질문), **低質**(저질)			

171 次	훈 음 버금(둘째) **차**	부 수 欠(하품 흠)	획 수 총6획
	활용어 **次例**(차례), **目次**(목차)		

172 冊	훈 음 책 **책**	부 수 冂(멀 경)	획 수 총5획	간체자 册 [cè]
	활용어 **空冊**(공책), **小說冊**(소설책)			

173 處	훈 음 곳, 살(살다) **처**	부 수 虍(범 호)	획 수 총11획	간체자 处 [chǔ]
	활용어 **處地**(처지), **出處**(출처)			

| 174 | 鐵 | 훈 음 쇠 **철** | 부 수 金(쇠 금) | 획 수 총21획 | 간체자 铁 [tiě] |
| | | 활용어 **鐵道**(철도), **古鐵**(고철) | | | |

| 175 | 最 | 훈 음 가장 **최** | 부 수 曰(가로 왈) | 획 수 총12획 | |
| | | 활용어 **最高**(최고), **最善**(최선) | | | |

| 176 | 祝 | 훈 음 빌(빌다) **축** | 부 수 示(보일 시) | 획 수 총10획 | 간체자 祝 [zhù] |
| | | 활용어 **祝歌**(축가), **自祝**(자축) | | | |

| 177 | 蟲 | 훈 음 벌레 **충** | 부 수 虫(벌레 충) | 획 수 총18획 | 간체자 虫 [chóng] |
| | | 활용어 **蟲齒**(충치), **病蟲害**(병충해) | | | |

| 178 | 忠 | 훈 음 충성 **충** | 부 수 心(마음 심) | 획 수 총8획 | |
| | | 활용어 **忠誠**(충성), **忠告**(충고) | | | |

| 179 | 致 | 훈 음 이를 **치** | 부 수 至(이를 지) | 획 수 총10획 | |
| | | 활용어 **致富**(치부), **理致**(이치) | | | |

| 180 | 齒 | 훈 음 이(이빨) **치** | 부 수 齒(이 치) | 획 수 총15획 | 간체자 齿 [chǐ] |
| | | 활용어 **齒牙**(치아), **齒科**(치과) | | | |

확인 하기 09

❶ 다음 한자의 뜻과 음을 쓰세요.

(1) 坐 (　　　　　)   (2) 志 (　　　　　)

(3) 祝 (　　　　　)   (4) 增 (　　　　　)

❷ 다음 한자어의 독음을 쓰세요.

(1) 忠誠 (　　　　)   (2) 自祝 (　　　　)

(3) 最善 (　　　　)   (4) 次例 (　　　　)

❸ 다음 한자의 간체자를 보기에서 찾아 쓰세요.

| 보기 | 质 | 虫 | 册 | 齿 | 处 | 进 |

(1) 進 나아갈 진 (　　)   (2) 齒 이(이빨) 치 (　　)

(3) 處 곳, 살 처 (　　)   (4) 蟲 벌레 충 (　　)

181	則	훈 음 법칙 **칙**	부 수 刀(칼 도)	획 수 총9획	간체자 则 [zé]
		활용어 **規則**(규칙), **原則**(원칙)			

182	他	훈 음 다를 **타**	부 수 人(사람 인)	획 수 총5획	
		활용어 **他人**(타인), **出他**(출타)			

183	打	훈 음 칠(치다) **타**	부 수 手(손 수)	획 수 총5획	
		활용어 **打者**(타자), **打算**(타산)			

184	卓	훈 음 높을 **탁**	부 수 十(열 십)	획 수 총8획	
		활용어 **卓見**(탁견), **食卓**(식탁)			

185	宅	훈 음 집 **택(댁)**	부 수 宀(집 면)	획 수 총6획	
		활용어 **宅內**(댁내), **住宅**(주택)			

186	統	훈 음 거느릴 **통**	부 수 糸(실 사)	획 수 총12획	간체자 统 [tǒng]
		활용어 **統計**(통계), **傳統**(전통)			

187	退	훈 음 물러날 **퇴**	부 수 辶(쉬엄쉬엄 갈 착)	획 수 총10획	
		활용어 **進退**(진퇴), **退場**(퇴장)			

188	波	훈 음 물결 **파**	부 수 水(물 수)	획 수 총8획	
		활용어 **波動**(파동), **風波**(풍파)			

189	敗	훈 음 패할, 무너지다 **패**	부 수 攴(칠 복)	획 수 총11획	간체자 败 [bài]
		활용어 **敗戰**(패전), **成敗**(성패)			

190	片	훈 음 조각 **편**	부 수 片(조각 편)	획 수 총4획	
		활용어 **片道**(편도), **片肉**(편육)			

191	筆	훈 음 붓 **필**	부 수 竹(대 죽)	획 수 총12획	간체자 笔 [bǐ]
		활용어 **筆談**(필담), **名筆**(명필)			

192	寒	훈 음 찰(차다) **한**	부 수 宀(집 면)	획 수 총12획	
		활용어 **寒心**(한심), **寒波**(한파)			

193	害	훈 음 해칠 **해**	부 수 宀(집 면)	획 수 총10획	
		활용어 **病害**(병해), **水害**(수해)			

194	香	훈 음 향기 **향**	부 수 香(향기 향)	획 수 총9획
		활용어 **香氣**(향기), **香料**(향료)		

195	許	훈 음 허락할 **허**	부 수 言(말씀 언)	획 수 총11획	간체자 许 [xǔ]
		활용어 **許容**(허용), **許可**(허가)			

196	惠	훈 음 은혜 **혜**	부 수 心(마음 심)	획 수 총12획
		활용어 **恩惠**(은혜), **特惠**(특혜)		

197	戶	훈 음 집, 지게문 **호**	부 수 戶(지게문 호)	획 수 총4획
		활용어 **戶口**(호구), **門戶**(문호)		

198	湖	훈 음 호수 **호**	부 수 水(물 수)	획 수 총12획
		활용어 **湖水**(호수), **江湖**(강호)		

199	患	훈 음 근심, 걱정 **환**	부 수 心(마음 심)	획 수 총11획
		활용어 **患者**(환자), **病患**(병환)		

200	回	훈 음 돌(돌다) **회**	부 수 口(에울 위)	획 수 총6획
		활용어 **回答**(회답), **回生**(회생)		

확인하기 10

❶ 다음 한자의 뜻과 음을 쓰세요.

(1) 卓　(　　　　　)　　(2) 波　(　　　　　　)

(3) 香　(　　　　　)　　(4) 宅　(　　　　　　)

❷ 다음 한자어의 독음을 쓰세요.

(1) 湖水　(　　　　　)　　(2) 敗戰　(　　　　　)

(3) 他人　(　　　　　)　　(4) 水害　(　　　　　)

❸ 다음 한자의 간체자를 보기 에서 찾아 쓰세요.

보기	统	许	笔	败	退	则

(1) 筆 붓 필　(　　　)　　(2) 則 법칙 칙　(　　　)

(3) 許 허락할 허　(　　　)　　(4) 敗 패할 패　(　　　)

확인하기 01

1. (1) 값 가
   (2) 달 감
   (3) 고칠 개
   (4) 클(크다) 거

2. (1) 간과
   (2) 감시
   (3) 개선
   (4) 거대

3. (1) 关
   (2) 个
   (3) 监
   (4) 价

확인하기 02

1. (1) 다리 교
   (2) 도울 구
   (3) 오랠 구
   (4) 임금 군

2. (1) 기술
   (2) 급식
   (3) 군신
   (4) 약국

3. (1) 极
   (2) 给
   (3) 广
   (4) 旧

확인하기 03

1. (1) 생각 념
   (2) 헤아릴 료
   (3) 헤아릴 량
   (4) 이를 도

2. (1) 육군
   (2) 요령
   (3) 여행
   (4) 명량

3. (1) 独
   (2) 团
   (3) 类
   (4) 陆

확인하기 04

1. (1) 견줄 비
   (2) 무릇 범
   (3) 곱(갑절) 배
   (4) 굳셀 무

2. (1) 목욕
   (2) 미래
   (3) 의미
   (4) 부부

3. (1) 报
   (2) 变
   (3) 备
   (4) 妇

확인하기 05

1. (1) 혀 설
   (2) 신선 선
   (3) 차례 서
   (4) 조사할 사

2. (1) 감사
   (2) 사제
   (3) 정상
   (4) 선명

3. (1) 写
   (2) 圣
   (3) 产
   (4) 选

확인하기 06

1. (1) 매울 신
   (2) 책상, 생각 안
   (3) 성씨 씨
   (4) 지킬 수

2. (1) 약속
   (2) 선악
   (3) 명암
   (4) 양성

3. (1) 岁
   (2) 养
   (3) 势
   (4) 视

확인하기 07

1. (1) 집 옥
   (2) 수컷, 씩씩할 웅
   (3) 끌(끌다) 인
   (4) 어질 인

2. (1) 전쟁
   (2) 은인
   (3) 염원
   (4) 왕래

3. (1) 义
   (2) 叶
   (3) 伟
   (4) 为

확인하기 08

1. (1) 쌓을 저
   (2) 머무를 정
   (3) 고를, 조사할 조
   (4) 가게 점

2. (1) 저온
   (2) 정신
   (3) 내조
   (4) 조퇴

3. (1) 敌
   (2) 传
   (3) 节
   (4) 种

확인하기 09

1. (1) 앉을 좌
   (2) 뜻 지
   (3) 빌 축
   (4) 더할 증

2. (1) 충성
   (2) 자축
   (3) 최선
   (4) 차례

3. (1) 进
   (2) 齿
   (3) 处
   (4) 虫

확인하기 10

1. (1) 높을 탁
   (2) 물결 파
   (3) 향기 향
   (4) 집 택(댁)

2. (1) 호수
   (2) 패전
   (3) 타인
   (4) 수해

3. (1) 笔
   (2) 则
   (3) 许
   (4) 败

UNIT 01

4급
- 한자 1~20
- 복습하기

1

街

거리 **가**

부 行(다닐 행)
획 총12획

한자쓰기

'시가를 나누는 큰 거리'를 나타내기 위해, 부수이자 뜻부분인 '行(다닐 행)'에 음부분인 '圭(홀 규)'를 더해 만든 글자이다. '도시나 마을 안의 비교적 넓고 큰 거리', '큰길'이라는 뜻으로 쓰인다.

활용어 商街(상가), 街道(가도)
유의어 道(길 도), 路(길 로)

丿 ㇒ 彳 彳 彳 彳 徍 徍 徍 徍 街 街

街							

2

假

거짓, 빌릴 **가**

부 亻(人, 사람 인)
획 총11획

한자쓰기

원래는 '오르다', '손을 빌리다'라는 뜻을 나타내기 위해, 부수이자 뜻부분인 '亻(사람 인)'에 음부분인 '叚(빌릴 가, 언덕에 발판을 만들어 손으로 잡고 오르는 모양)'를 더해 만든 글자이다. '빌리다', '거짓', '가짜', '임시'라는 뜻으로 쓰인다.

활용어 假想(가상), 假面(가면)
반의어 眞(참 진)

丿 亻 亻 亻 仴 佧 作 作 假 假 假

假							

3

방패 **간**, 마를 **간**, **건**
- 부 干(방패 간)
- 획 총3획

한자쓰기

긴 막대의 끝이 갈라진 사냥 도구, 방패 모양을 본떠 만든 글자이다. 방패는 짐승을 잡을 때나 적을 공격할 때 자기의 몸을 막기위해 사용하는 데서, '막다', '간섭하다', '범하다'의 뜻이 생겼다.

활용어 干支(간지), 干求(간구)
반의어 戈(창 과)
한자 성어 救國干城(구국간성), 干城之材(간성지재)

一 二 干

干						

껍질, 첫째 천간 **갑**
- 부 田(밭 전)
- 획 총5획

한자쓰기

'싹이 나기 시작하다'라는 뜻을 나타내기 위해, 싹이 틀 때 씨앗이 껍질을 쓰고 있는 모양을 본떠 만든 글자이다. 본뜻에서 확대되어 '처음', '껍데기'라는 뜻으로 쓰였으며, 여기서 다시 확대되어 '첫째 천간'을 뜻하게 되었다.

활용어 甲富(갑부), 同甲(동갑)
한자 성어 甲男乙女(갑남을녀)

丨 冂 日 日 甲

甲						

5

降

내릴 **강**, 항복할 **항**

부 阝 (阜, 언덕 부)
획 총9획

한자쓰기

'높은 곳에서 내려오다'라는 뜻을 나타내기 위해, 부수이자 뜻부분인 '阝(언덕 부)'에 음부분인 '夅(내릴 강, 내려보는 발 모양)'을 더해 만든 글자이다. '내리다', '떨어지다', '항복하다'라는 뜻으로 쓰인다.

활용어 **降伏**(항복), **降水量**(강수량)
반의어 **登**(오를 등), **加**(더할 가), **增**(더할 증)

丁 丁 阝 阝 严 陊 陊 降 降

降							

6

講

익힐, 욀(외다) **강**

부 言 (말씀 언)
획 총17획

한자쓰기

간체자 **讲** jiǎng
말하다 / 총6획

간체자쓰기

'이야기하다'라는 뜻을 나타내기 위해, 부수이자 뜻부분인 '言(말씀 언)'에 음부분인 '冓(짤 구)'를 더해 만든 글자이다. '외우다', '익히다', '이야기하다', '설명하다'라는 뜻으로 쓰인다.

활용어 **講義**(강의), **特講**(특강)
유의어 **習**(익힐 습)

丶 一 亠 亖 言 言 言 言 訪 請 請 請 講 講 講 講 講

講							

丶 讠 讠 讲 讲 讲

讲							

7

康

편안할 **강**

부 广(집 엄)
획 총11획

한자쓰기

타악기인 징을 본떠 만든 '庚(별 경)'에 네 개의 점을 찍어 뜻을 더해 만든 글자이다. '화목하다', '편안하다'라는 뜻으로 쓰인다.

활용어 康福(강복), 健康(건강)

` 广 广 户 户 户 序 序 庹 康 康 康

康						

한중한자어 비교

한 **小康** 소강 : 병이 조금 나아진 기색이 있음.
　　　　　　　소란이나 분란, 혼란 따위가 그치고 조금 잠잠함.

중 **小康** xiǎokāng : 먹고 살만하다, 소강 상태.

8

居

살(살다) **거**

부 尸(주검 시)
획 총8획

한자쓰기

'앉아서 거기에 있다'라는 뜻을 나타내기 위해, 뜻부분인 '尸(주검 시)'에 음부분인 '吉(예 고)'를 더해 만든 글자이다. 본뜻에서 확대되어 '살다', '있다'라는 뜻으로 쓰인다.

활용어 居處(거처), 住居(주거)
유의어 住(살 주)
한자 성어 居安思危(거안사위)

` ` 그 尸 尸 尸 尸 居 居

居						

9

檢
검사할 **검**

- 부 木(나무 목)
- 획 총17획

한자쓰기

간체자 检 jiǎn
검사하다 / 총11획

간체자쓰기

'봉하다'라는 뜻을 나타내기 위해, 부수이자 뜻부분인 '木(나무 목)'에 음부분인 '僉(다 첨)'을 더해 만든 글자이다. '검사하다'라는 뜻으로 많이 쓰인다.

활용어 檢查(검사), 點檢(점검)
유의어 查(조사할 사), 視(볼 시), 察(살필 찰)

一 十 オ 木 ボ 杦 柃 柃 柃 柃 検 検 検 検 検 檢

檢								

一 十 オ 木 ボ 杦 柃 桧 检 检

检							

10

儉
검소할 **검**

- 부 亻(人, 사람 인)
- 획 총15획

한자쓰기

간체자 俭 jiǎn
검소하다 / 총9획

간체자쓰기

'수수하다'라는 뜻을 나타내기 위해, 부수이자 뜻부분인 '亻(사람 인)'에 음부분인 '僉(다 첨)'을 더해 만든 글자이다. '검소하다', '낭비하지 않다'라는 뜻으로 많이 쓰인다.

활용어 儉素(검소), 儉約(검약)

丿 亻 亻 亻 亻 俭 俭 俭 俭 俭 俭 俭 俭 儉 儉

儉								

丿 亻 亻 亻 俭 俭 俭 俭 俭

俭							

11 潔
깨끗할 결
- 부 氵(水, 물 수)
- 획 총15획

한자쓰기

간체자 **洁** jié
깨끗하다 / 총9획

간체자쓰기

'깨끗한 물'을 나타내기 위해, 부수이자 뜻부분인 '氵(물 수)'에 음부분인 '絜(헤아릴 혈)'을 더해 만든 글자이다. 후에 '깨끗하다'라는 일반적인 뜻으로 사용되고 있다.

활용어 潔白(결백), 淸潔(청결), 純潔(순결)
유의어 純(순수할 순)
한자 성어 氷淸玉潔(빙청옥결)

丶 丶 氵 氵 汀 汙 清 洯 洯 潔 潔 潔 潔 潔 潔

潔						

丶 丶 氵 氵 汁 洁 洁 洁 洁

洁						

12 警
경계할, 깨우칠 경
- 부 言(말씀 언)
- 획 총20획

한자쓰기

'말로 타이르다'라는 뜻을 나타내기 위해, 부수이자 뜻부분인 '言(말씀 언)'에 음부분인 '敬(공경할 경)'을 더해 만든 글자이다. '지키다', '깨우치다'라는 뜻으로 쓰인다.

활용어 警戒(경계), 警備(경비)
유의어 戒(경계할 계)

丶 ⺊ ⺊ 艹 艹 芍 苟 苟 苟 苟 敬 敬 敬 警 警 警 警 警 警

警						

한중한자어 비교

한 **警報** 경보 : 태풍이나 공습 따위의 위험이 닥쳐올 때 경계하도록 미리 알리는 일. 또는 그 보도나 신호.

중 **报警** bàojǐg : 경찰에 긴급 사태를 알리다.

• 警察(경찰) = 公安[gōng'ān], 警察署(경찰서) = 公安局[gōng'ānjú]

13

경사 **경**

㉑ 心(마음 심)
㉼ 총15획

한자쓰기

간체자 庆 qìng
축하하다 / 총6획

간체자쓰기

'기쁜 일'을 나타내기 위해, '선물'을 나타내는 '鹿(사슴 록)'과 기뻐해 주는 '마음'을 나타내는 '心(마음 심)', '가다'라는 뜻을 나타내는 '夂(뒤 져올 치)'를 더해 만든 글자이다. 지금도 '경사'라는 뜻으로 쓰인다.

활용어 慶事(경사), 國慶日(국경일)
유의어 福(복 복)
한자 성어 建陽多慶(건양다경)

丶 亠 广 广 户 严 声 声 庐 庐 庐 庆 慶 慶 慶

慶						

丶 亠 广 广 庄 庆

庆						

14

고칠 **경**, 다시 **갱**

㉑ 曰(가로 왈)
㉼ 총7획

한자쓰기

'잘못을 바로잡다'라는 뜻을 나타내기 위해, 뜻부분인 '攴(칠 복)'에 음 부분인 '丙(넷째 천간 병)'을 더해 만든 글자이다. '고치다', '바꾸다'라 는 뜻으로 쓰인다. '다시'라는 뜻을 나타낼 때도 이 글자를 쓰는데, 이 때는 [갱]으로 읽는다.
• 글자 모양이 현재와 같이 바뀌면서 '曰'을 부수로 삼고 있다.

활용어 變更(변경), 更紙(갱지), 更新(갱신/경신)
유의어 化(될 화)
한자 성어 自力更生(자력갱생)

一 亻 盂 耳 百 更 更

更						

15

境

지경 경

- 부 土(흙 토)
- 획 총14획

한자쓰기

'경계'를 나타내기 위해, 부수이자 뜻부분인 '土(흙 토)'에 음부분인 '竟(다할 경)'을 더해 만든 글자이다. '경계'라는 본뜻 외에도 '처지', '상태'라는 뜻으로도 쓰인다.

활용어	境界線(경계선), 地境(지경)
유의어	界(지경 계)
한자 성어	忘我之境(망아지경)

一 十 土 圹 圹 圹 圩 圩 坪 培 垮 境 境 境

境						

한중한자어 비교

- 한 **入國** 입국 : 입국, 입국하다.　　**出國** 출국 : 출국, 출국하다.
- 중 **入境** rùjìng : 입국하다.　　**出境** chūjìng : 출국하다

經

지날, 날실, 경서 경

- 부 糸(실 사)
- 획 총13획

한자쓰기

간체자 **经** jīng
날실, 경영하다 / 총8획

간체자쓰기

'날실'을 나타내기 위해, 뜻부분이자 음부분인 '巠(물줄기 경, 세로로 곧게 뻗은 날줄)'으로 썼다. 후에 뜻부분을 강조하기 위해 '糸(실 사)'를 더해 만든 지금의 글자 모양이 되었다. 본뜻 외에도 '지나다', '다스리다', '책'이라는 뜻으로 쓰인다.

| 활용어 | 經過(경과), 經典(경전) |
| 유의어 | 理(다스릴 리), 營(경영할 영) |

ㄥ ㄠ ㄠ ㅗ ㅗ 糸 糸 紅 絚 絚 經 經 經

經						

ㄥ ㄠ ㄠ 纟 纟 纤 经 经

经						

한중한자어 비교

- 한 **經理** 경리 : 일을 경영하고 관리함, 물자나 금전의 출납을 맡은 사람.
- 중 **经理** jīnglǐ : 경영 관리하다, 사장(기업의 책임자)

17

庚

일곱째 천간 **경**

부 广(집 엄)
획 총8획

한자쓰기

'징'과 비슷한 악기 모양을 본떠 만든 글자이다. 본뜻보다는 '일곱 번째 천간'을 나타낼 때 더 자주 쓰게 되었다. 여기서 확대되어 '별', '나이'라는 뜻으로 쓰인다.
• '나무 줄기를 양손으로 잡고 있는 모양'으로 보는 견해도 있다.

활용어 庚伏(경복), 年庚(연경)

`丶 二 广 广 户 户 庚 庚`

庚							

18

戒

경계할 **계**

부 戈(창 과)
획 총7획

한자쓰기

'적이나 재해를 막을 준비를 하다'라는 뜻을 나타내기 위해, '창'을 뜻하는 '戈(창 과)'에 '두 손으로 꼭 잡은 모습'을 뜻하는 '廾(받들 공)'을 더해 만든 글자이다. '주의하다', '경계하다'라는 뜻으로 쓰인다.

활용어 戒律(계율), 訓戒(훈계)
유의어 警(경계할 경)
한자 성어 一罰百戒(일벌백계), 世俗五戒(세속오계)

`一 二 于 开 戒 戒 戒`

戒							

19

溪
시내 **계**

부 氵(水, 물 수)
획 총13획

한자�기

'졸졸 흐르는 시냇물'을 나타내기 위해, 부수이자 뜻부분인 '氵(물 수)'에 음부분인 '奚(어찌 해)'를 더해 만든 글자이다. '시내'라는 뜻으로 쓰인다.

활용어 溪谷(계곡), 淸溪川(청계천)
유의어 川(내 천), 河(물 하), 江(강 강)

丶 丶 冫 氵 氵 氵 氵 浐 浐 溪 溪 溪 溪

溪							

20

繼
이을(잇다) **계**

부 糸(실 사)
획 총20획

한자쓰기

'잇다'라는 뜻을 나타내기 위해, 실을 이어 놓은 모습을 본떠 만든 '�(이을 계)'를 썼다. 후에 뜻부분을 강조하기 위해 '糸(실 사)'를 더해 지금의 모양이 되었다. '이어받다', '이어지다'라는 뜻으로 쓰인다.

활용어 承繼(승계), 後繼者(후계자)
유의어 續(이을 속)
반의어 絕(끊을 절)

乚 幺 幺 幺 幺 糸 糸' 糸' 糸 糸 糸 糸 糸 糸 糸 糸 糸 繼 繼 繼

繼							

간체자 继 jì
계속하다 / 총10획

간체자쓰기

乚 丝 丝 丝' 丝' 丝' 纠 纠 纠 继

继							

1 다음 한자의 뜻과 음을 쓰세요.

(1) 假 (   )   (2) 降 (   )

(3) 康 (   )   (4) 居 (   )

(5) 儉 (   )   (6) 潔 (   )

(7) 更 (   )   (8) 境 (   )

2 다음 한자어의 독음을 쓰세요.

(1) 商街 (   )   (2) 甲富 (   )

(3) 健康 (   )   (4) 經過 (   )

3 다음 한자의 간체자를 보기 에서 골라 쓰세요.

보기	庆	讲	洁	检	术	课

(1) 講 (   )   (2) 檢 (   )

(3) 潔 (   )   (4) 慶 (   )

4 다음 뜻을 가진 사자성어를 보기 에서 골라 그 독음을 쓰세요.

보기	甲男乙女	居安思危	牛耳讀經

(1) 평안할 때에도 위험과 곤란이 닥칠 것을 생각하며 잊지 말고 미리 대비해야 함.

✎ _____

(2) 쇠귀에 경 읽기라는 뜻으로, 아무리 가르치고 일러 주어도 알아듣지 못함을 이르는 말.

✎ _____

UNIT 02

4급
- 한자 21~40
- 복습하기

21

癸
열째 천간 계

부 癶(걸을 발)
획 총9획

🖊️ 한자쓰기

본래 '癶(걸을 발)'과 '天(矢, 화살 시)'로 이루어진 글자이다. 본뜻보다 '열 번째 천간'을 나타낼 때 더 자주 쓰게 되었다. 여기서 확대되어 '겨울', '북방'이라는 뜻으로 쓰인다.

활용어 癸丑日記(계축일기)

ㄱ ㄱ ㄱ´ ㄱ″ 癶 癶 癶 癸 癸

癸							

22

庫
곳집 고

부 广(집 엄)
획 총10획

🖊️ 한자쓰기

간체자 库 kù
창고 / 총7획

🖊️ 간체자쓰기

'무기 창고'를 나타내기 위해, '수레'를 뜻하는 '車(수레 거)'와 '집'을 뜻하는 '广(집 엄)'을 합해 만든 글자이다. 일반적인 의미의 '창고'라는 뜻으로 쓰인다.

활용어 出庫(출고), 國庫(국고)

丶 一 广 广 庐 庐 庐 直 庫

庫							

丶 一 广 广 庐 庄 库

库							

23

谷

골(골짜기) **곡**

부 谷(골 곡)
획 총7획

한자쓰기

'골짜기'를 나타내기 위해, '산등성이 모양'과 '골짜기의 입구'를 가리키는 '口(입 구)'를 덧붙여 만든 글자이다. '골짜기', '굴'이라는 뜻으로 쓰인다.

<kbd>활용어</kbd> 谷風(곡풍), 合谷(합곡)

〃 ハ グ 父 父 谷 谷

谷						

24

官

벼슬 **관**

부 宀(집 면)
획 총8획

한자쓰기

'길 떠난 많은 사람들이 머무는 집'을 나타내기 위해, '宀(집 면)'과 '𠂤(언덕 부)'를 합해 만든 글자이다. 본뜻에서 확대되어 '벼슬'이라는 뜻으로 쓰이게 되었다.

• 본래 뜻인 '나그네들이 머무는 집'은 '食(밥 식)'을 덧붙인 '館(객사 관)'을 만들어 나타냈다.

<kbd>활용어</kbd> 官職(관직), 長官(장관)
<kbd>한자 성어</kbd> 文武百官(문무백관), 賣官賣職(매관매직)

〃 ´ 宀 宀 宀 官 官 官

官						

究

궁구할(연구할) **구**

부 穴(구멍 혈)
획 총7획

한자쓰기

'구멍의 맨 끝'을 나타내기 위해, 부수이자 뜻부분인 '穴(구멍 혈)'에 음부분인 '九(아홉 구)'를 더해 만든 글자이다. 본뜻에서 확대되어 '다하다', '골똘히 생각하다', '파고들어 깊이 생각하다'라는 뜻으로 쓰이게 되었다.

활용어 究明(구명), 講究(강구), 研究(연구)
유의어 研(갈 연)

丶 丷 宀 宀 究 究 究

究						

26

句

글귀 **구**

부 口(입 구)
획 총5획

한자쓰기

'갈고리'를 나타내기 위해, 그 모양을 본떠 만든 '勹'에 음부분인 '口 (입 구)'를 더해 만든 글자이다. 본뜻보다는 '글귀'라는 뜻으로 많이 쓰이게 되었다.
• 본래 뜻인 '갈고리'는 '金(쇠 금)'을 덧붙인 '鉤(갈고랑이 구)'를 만들어 나타냈다.

활용어 句節(구절), 文句(문구)
한자 성어 一言半句(일언반구), 句句節節(구구절절)

丿 勹 勹 句 句

句						

27

群

무리 군

- 부 羊(양 양)
- 획 총13획

한자쓰기

'무리'를 나타내기 위해, 부수이자 뜻부분인 '羊(양 양)'에 음부분인 '君(임금 군)'을 더해 만든 글자이다.
- 본래 글자 모양은 '羣'인데 지금은 '群'으로 더 많이 쓰인다.

활용어 群衆(군중), 群落(군락)
유의어 衆(무리 중)

`ㄱ ㄱ ㅋ ㄹ ㄹ 君 君 君 君 君 群 群 群 群`

群							

28

權

권세 권

- 부 木(나무 목)
- 획 총22획

한자쓰기

간체자 权 quán
권력 / 총6획

간체자쓰기

원래 '나무 이름'을 나타내기 위해, 부수이자 뜻부분인 '木(나무 목)'에 음부분인 '雚(황새 관)'을 더해 만든 글자이다. 본뜻보다는 '저울추'를 뜻할 때 더 자주 쓰게 되면서, '저울질하다', '권리', '권세'라는 뜻으로 쓰이고 있다.

활용어 權勢(권세), 人權(인권)
유의어 勢(형세 세)
한자 성어 權不十年(권불십년)

`一 十 才 木 术 朴 朴 朴 朴 栉 栉 栉 栉 榷 榷 榷 榷 榷 權 權 權 權`

權							

`一 十 才 木 权 权`

权							

29

歸

돌아갈 **귀**

부 止(그칠 지)
획 총18획

한자쓰기

간체자	归 guī
	돌아가다 / 총5획

간체자쓰기

'시집가다'라는 뜻을 나타내기 위해, '가다'라는 뜻인 '止(발 지)'에, '아내'를 뜻하는 '帚(婦, 아내 부의 생략형)'을 더해 만든 글자이다. 본뜻에서 확대되어 '돌아가다'라는 뜻으로 쓰이고 있다.

> 활용어 **歸國**(귀국), **復歸**(복귀)
> 한자 성어 **事必歸正**(사필귀정), **萬法歸一**(만법귀일)

′ ｆ ｆ′ ｌＦ ｌＦ ｌＦ ｌＥ 皀 皀′ 皀′ 皀′ 皀ョ 皀ョ 皀ヨ 歸 歸 歸

歸							

ｌ ｌｊ ｌｊ′ ｌｊヨ 归

归							

30

均

고를, 평평할 **균**

부 土(흙 토)
획 총7획

한자쓰기

'평평한 땅'을 나타내기 위해, 부수이자 뜻부분인 '土(흙 토)'에 음부분인 '勻(고를 균)'을 더해 만든 글자이다. '평평하다', '고르다' 등으로 널리 쓰인다.

> 활용어 **均等**(균등), **平均**(평균)
> 유의어 **調**(고를 조)

一 ╎ 土 圹 圴 均 均

均						

禁

금할 **금**

- 부 示(보일 시)
- 획 총13획

한자쓰기

'피하다', '금하다'라는 뜻을 나타내기 위해, 부수이자 뜻부분인 '示(보일 시)'에 음부분인 '林(수풀 림)'을 더해 만든 글자이다. 제사지낼 때 삼갈 것이 많았기 때문에, 여기서 확대되어 '못하게 하다'라는 뜻이 생겼다.

활용어 禁止(금지), 監禁(감금)
유의어 防(막을 방)

一 十 ホ ホ ホ 休 村 林 埜 埜 埜 禁 禁

禁						

其

그 **기**

- 부 八(여덟 팔)
- 획 총8획

한자쓰기

농기구인 '키'를 나타내기 위해 그 모양을 본떠 만든 글자였다. 본뜻은 없어지고 '그것'을 뜻하는 말로 쓰이고 있다.
• 본래 뜻인 '키(곡식 따위를 까불러 쭉정이나 티끌을 골라내는 도구)'는 '竹(대죽)'을 덧붙인 '箕(키 기)'를 만들어 나타냈다.

활용어 其他(기타), 各其(각기)
한자 성어 不知其數(부지기수)

一 十 艹 艹 甘 甘 其 其 其

其						

33

起

일어날 **기**

(부) 走(달릴 주)
(획) 총10획

한자쓰기

'일어나다'라는 뜻을 나타내기 위해, 부수이자 뜻부분인 '走(달릴 주)'에 음부분인 '己(몸 기)'를 더해 만든 글자이다. '일어나다', '일어서다'라는 뜻으로 쓰인다.

활용어 起源(기원), 起立(기립)
유의어 立(설 립)
반의어 結(맺을 결), 伏(엎드릴 복)
한자 성어 起死回生(기사회생), 再起不能(재기불능)

一 十 土 キ キ キ 走 走 起 起

起							

34

暖

따뜻할 **난**

(부) 日(날 일)
(획) 총13획

한자쓰기

'날이 따뜻하다'라는 뜻을 나타내기 위해, 부수이자 뜻부분인 '日(날 일)'에 음부분인 '爰(이에 원)'을 더해 만든 글자이다.

활용어 暖流(난류), 溫暖(온난)
유의어 溫(따뜻할 온), 熱(더울 열)
반의어 寒(찰 한), 冷(찰 랭)

丨 冂 冃 日 日 日 旷 昈 旷 昈 暖 暖 暖

暖							

難

어려울 **난**

부 隹(새 추)
획 총19획

한자쓰기

간체자 难 nán, nàn

어렵다, 재난 / 총10획

간체자쓰기

'새의 일종'을 나타내기 위해, 부수이자 뜻부분인 '隹(새 추)'에 음부분인 '堇(진흙 근, 堇의 변형자)'을 더해 만든 글자이다. 본뜻보다는 '어렵다', '꾸짖다'라는 뜻으로 더 많이 쓰인다.
• 본래는 '鳥(새 조)'를 썼지만, 획수를 줄이기 위해 뜻이 같은 '隹'를 쓰게 되었다.

활용어 難局(난국), 苦難(고난)

유의어 苦(쓸 고)

한자 성어 難兄難弟(난형난제), 多事多難(다사다난), 進退兩難(진퇴양난)
白骨難忘(백골난망), 衆口難防(중구난방)

一 十 丗 丗 丗 丗 苫 苗 堇 堇 堇 婎 婎 嫨 嫨 嫨 嫨 難 難

難						

丆 又 ㄡ 저 对 对 对 对 难 难

难						

36

納

들일 **납**

부 糸(실 사)
획 총10획

한자쓰기

간체자 纳 nà

받아 넣다 / 총7획

간체자쓰기

'들이다'라는 뜻을 나타내기 위해, '집의 입구'를 나타내는 '冂(멀 경)'과 '들어가다'라는 뜻인 '入(들 입)'을 더해 '内(안 내)'를 만들어 썼다. 후에 뜻부분을 강조하기 위해 '糸(실 사)'를 덧붙여 지금의 글자 모양이 되었다. '거두어들이다', '바치다'라는 뜻으로 쓰인다.

활용어 納品(납품), 完納(완납)

유의어 入(들 입)

반의어 出(날 출)

乚 幺 幺 糸 糸 糸 紉 紉 納

納						

乚 幺 幺 幼 幻 纳 纳

纳						

37

乃

이에, 곧 **내**

부 丿 (삐침 별)
획 총2획

한자쓰기

오래 전부터 '이에', '이리하여'라는 뜻을 나타내기 위해 빌려 쓰던 것이 지금까지도 쓰이고 있다.

활용어 乃至(내지), 인내천(人乃天)

丿 乃

乃							

38

怒

성낼 **노**

부 心 (마음 심)
획 총9획

한자쓰기

'성내다'라는 뜻을 나타내기 위해, 부수이자 뜻부분인 '心(마음 심)'에 음부분인 '奴(종 노)'를 더해 만든 글자이다. '성내다', '꾸짖다'라는 뜻으로 쓰인다.

활용어 怒氣(노기), 怒發大發(노발대발)
반의어 甘(달 감), 樂(즐길 락)

𡿦 𡚩 女 奴 奴 奴 怒 怒 怒

怒							

努
힘쓸 **노**

부 力(힘 력)
획 총7획

한자쓰기

'힘쓰다'라는 뜻을 나타내기 위해, 부수이자 뜻부분인 '力(힘 력)'에 음부분인 '奴(종 노)'를 더해 만든 글자이다. '힘쓰다', '부지런히 일하다'라는 뜻으로 쓰인다.

활용어 ● **努力**(노력)
유의어 **力**(힘 력)

`ㄥ �911 女 奻 奴 努 努`

努							

斷
끊을 **단**

부 斤(도끼 근)
획 총18획

한자쓰기

간체자 **断** duàn
끊다 / 총11획

간체자쓰기

'끊다'라는 뜻을 나타내기 위해, '무엇을 엮어 놓은 것'을 뜻하는 '𢇍(이을 계)'와 '낫'을 뜻하는 '斤(도끼 근)'을 합해 만든 글자이다. '끊다', '결단하다', '해결하다'라는 뜻으로 쓰인다.

활용어 ● **斷念**(단념), **決斷**(결단)
유의어 **切**(끊을 절), **絶**(끊을 절)
반의어 **繼**(이을 계), **續**(이을 속)
한자 성어 **斷金之交**(단금지교), **一刀兩斷**(일도양단)

`ㄥ ㄠ ㄠ 幺 丝 丝 丝 鉊 鉊 纞 纞 纞 斷 斷 斷`

斷							

`丶 丷 斗 斗 米 米 迷 断 断 断`

断							

1 다음 한자의 뜻과 음을 쓰세요.

(1) 繼 (   )   (2) 谷 (   )

(3) 究 (   )   (4) 句 (   )

(5) 群 (   )   (6) 均 (   )

(7) 起 (   )   (8) 暖 (   )

2 다음 한자어의 독음을 쓰세요.

(1) 完納 (   )   (2) 苦難 (   )

(3) 其他 (   )   (4) 文句 (   )

3 다음 한자의 간체자를 보기 에서 골라 쓰세요.

보기	权	库	归	难	争	将

(1) 庫 (   )   (2) 歸 (   )

(3) 權 (   )   (4) 難 (   )

4 다음 뜻을 가진 사자성어를 보기 에서 골라 그 독음을 쓰세요.

보기	事必歸正	衆口難防	起死回生

(1) 죽음에 처했다가 겨우 살아남. 중병으로 죽을 뻔하다가 다시 살아남.

    ✎ _____

(2) 뭇사람의 말을 막기가 어렵다는 뜻으로, 막기 어려울 정도로 여럿이 마구 지껄임을 이르는 말.

    ✎ _____

UNIT 03

4급
- 한자 41~60
- 복습하기

41

壇
단, 제단 **단**

부 土(흙 토)
획 총16획

한자쓰기

간체자 坛 tán
제단 / 총7획

간체자쓰기

'토대'를 나타내기 위해, 부수이자 뜻부분인 '土(흙 토)'에 음부분인 '亶(믿음 단)'을 더해 만든 글자이다. '단'이란 제사를 지내기 위하여 흙이나 돌로 쌓아 올린 터를 말한다. 본뜻에서 확대되어, '디딤대', '무대'라는 뜻으로 쓰인다.

활용어 壇上(단상), 花壇(화단)

一 十 土 圵 圹 圹 圹 坿 埙 埙 埙 壇 壇 壇 壇

壇							

一 十 土 圵 圹 坛 坛

坛							

42

端
바를, 끝 **단**

부 立(설 립)
획 총14획

한자쓰기

'자세가 바르다'라는 뜻을 나타내기 위해, 부수이자 뜻부분인 '立(설 립)'에 음부분인 '耑(끝 단)'을 더해 만든 글자이다. 지금은 '끝', '한계', '처음'라는 뜻으로 쓰인다.

활용어 極端(극단), 發端(발단)
유의어 末(끝 말), 極(다할 극), 終(끝날 종)
한자 성어 四端七情(사단칠정)

丶 亠 立 立 立 並 玸 玸 玸 玸 端 端 端

端							

43

單

홑 **단**, 나라 이름 **선**
- 부 口(입 구)
- 획 총12획

한자쓰기

单 dān / shàn / chán
홑, 성씨, 나라이름 / 총8획

간체자쓰기

본래는 '새총 같은 무기'의 모양을 본떠 만든 글자였다. 후에 본뜻으로 쓰이는 경우가 거의 없어지고, '홑', '단지 하나', '홀로'라는 뜻을 나타낼 때 쓰이게 되었다.

활용어 單純(단순), 單價(단가), 單一(단일), 單于(선우)

유의어 獨(홀로 독)

한자 성어 單刀直入(단도직입)

`ˋ 冖 ㅁ ㅁ 吅 吅 吅 ㅁ 严 閏 閏 單`

單							

`ˋ ˊ ˇ ㅛ ㅛ 畄 畄 単`

单							

44

達

통달할, 이를 **달**
- 부 辶(辵, 쉬엄쉬엄 갈 착)
- 획 총13획

한자쓰기

达 dá
통하다, 닿다 / 총6획

간체자쓰기

'수월하게 가다'라는 뜻을 나타내기 위해, 부수이자 뜻부분인 '辶(갈 착)'에 음부분인 '𡴌(어린 양 달)'을 더해 만든 글자이다. 본뜻에서 확대되어 '이르다', '보내다', '통하다'라는 뜻으로 쓰인다.

활용어 通達(통달), 傳達(전달)

유의어 成(이룰 성)

한자 성어 四通八達(사통팔달), 無不通達(무불통달)

`一 十 土 キ キ 幸 幸 幸 奎 峯 達 達 達`

達							

`一 ナ 大 大 汏 达`

达							

45

隊
무리 **대**

- 부 阝(阜, 언덕 부)
- 획 총12획

한자쓰기

간체자 队 duì
대열 / 총4획

간체자쓰기

'떨어지다'라는 뜻을 나타내기 위해, '阝(언덕 부)'에 '떨어지는 사람'의 모습을 본뜬 나머지 부분을 더해 만든 글자이다. 후에 '떨어지다'라는 본뜻보다는 '무리'라는 뜻으로 널리 쓰이게 되었다.

- 본래 뜻인 '떨어지다'는 '土(흙 토)'를 덧붙인 '墜(떨어질 추)'를 만들어 나타냈다.

활용어 隊列(대열), 部隊(부대)
유의어 部(무리 부), 衆(무리 중), 徒(무리 도), 類(무리 류), 群(무리 군)

ｸ ｸ ｹ ｹﾟ ｹﾟ ｹﾟ ｹﾟ 隊 隊 隊 隊 隊

隊						

ｺ ｺ ﾟ 队

队						

46

徒
무리, 걸을 **도**

- 부 彳(조금 걸을 척)
- 획 총10획

한자쓰기

'걸어 다니다'라는 뜻을 나타내기 위해, '彳(걸을 척)'과 '走(달릴 주)'를 합해 만든 글자이다. '걸어 다니다'라는 뜻 외에 '무리', '아무것도 없는'이라는 뜻으로도 쓰인다.

활용어 徒步(도보), 信徒(신도)
유의어 部(무리 부), 衆(무리 중), 類(무리 류), 群(무리 군)
한자 성어 無爲徒食(무위도식)

ｸ ｹ 彳 彳 彳 徉 徉 徉 徒 徒

徒						

得

얻을 득

부 彳 (조금 걸을 척)
획 총11획

한자쓰기

'손으로 돈을 줍다'라는 뜻을 나타내기 위해, '돈'을 나타내는 '貝(조개 패)'와 '손'을 나타내는 '寸(又, 또 우)'를 합해 만든 글자이다. 여기에 뜻을 강조하기 위해 '彳(걸을 척)'을 덧붙였다. '얻다'라는 뜻으로 널리 쓰이고 있다.

활용어 得失(득실), 納得(납득)
반의어 失(잃을 실)
한자 성어 得失相半(득실상반), 得意滿面(득의만면), 得一忘十(득일망십)

` ′ ′ 彳 彳 𣃘 𣃘 𣃘 𣃘 得 得 `

得							

48

燈

등잔 등

부 灬(火, 불 화)
획 총16획

한자쓰기

간체자
灯 dēng
등 / 총6획

간체자쓰기

'등불'을 나타내기 위해, 부수이자 뜻부분인 '火(불 화)'에 음부분인 '登(오를 등)'을 더해 만든 글자이다. '등', '등잔'의 뜻으로 쓰인다.
• 원래 글자는 뜻부분이 '金(쇠 금)'인 '鐙(등불 등)'이었으나, 후에 뜻을 강조하기 위해 '金(쇠 금)'을 '火(불 화)'로 바꾸어 쓰게 되었다.

활용어 消燈(소등), 信號燈(신호등)
한자 성어 風前燈火(풍전등화), 燈火可親(등화가친)
　　　　　　 燈下不明(등화불명), 貧者一燈(빈자일등)

` ′ ′ ′ 火 火 灯 灯 灯 灯 燈 燈 燈 燈 燈 燈 燈 `

燈							

` ′ ′ ′ 火 火 灯 `

灯							

49

略

간략할, 꾀 **략**

부 田(밭 전)
획 총11획

한자쓰기

'토지를 경영하다'라는 뜻을 나타내기 위해, 부수이자 뜻부분인 '田(밭 전)'에 음부분인 '各(각각 각)'을 더해 만든 글자이다. 본뜻에서 확대되어 '꾀하다', '줄이다'라는 뜻으로 쓰이고 있다.

• 상하 구조로 된 '畧'을 쓰기도 한다.

활용어 略圖(약도), 省略(생략)

丶 冂 日 田 田 田′ 略 略 略 略 略

略						

50

連

잇닿을 **련**

부 辶(辵, 쉬엄쉬엄 갈 착)
획 총11획

한자쓰기

간체자 连 lián
잇다 / 총7획

간체자쓰기

'인력거'를 나타내기 위해, '辶(갈 착)'과 '車(수레 거)'를 합해 만든 글자이다. 본뜻보다는 '이어지다'라는 뜻으로 널리 쓰게 되었다.

• 본래 뜻인 '인력거'라는 뜻은 '輦(인력거 련)'을 만들어 나타냈다.

활용어 連結(연결), 一連(일련)
유의어 繼(이을 계), 續(이을 속)

一 厂 冂 曰 百 亘 車 車 连 连 連

連						

一 ㄥ 午 车 车 连 连

连						

列

벌일 **렬**

부 刂(刀, 칼 도)
획 총6획

한자쓰기

'칼로 뼈와 살을 분리하다'라는 뜻을 나타내기 위해, '刂(칼 도)'와 '뼈와 살을 바른 모양'인 '歹(뼈 앙상할 알)'을 합해 만든 글자이다. 본뜻보다는 '벌이다', '늘어놓다', '여러', '줄' 등의 뜻으로 널리 쓰이고 있다.

활용어 列擧(열거), 序列(서열)

一 プ 歹 歹 列 列

列						

烈

매울, 세찰 **렬**

부 灬(火, 불 화)
획 총10획

한자쓰기

'맹렬히 타오르는 불길'을 나타내기 위해, 부수이자 뜻부분인 '灬(불 화)'에 음부분인 '列(벌일 렬)'을 더해 만든 글자이다. 여기서 확대되어 '세차다', '굳세다' 등의 뜻으로 쓰인다.

활용어 熱烈(열렬), 强烈(강렬)

一 プ 歹 歹 列 列 列 烈 烈 烈

烈						

53

錄

기록할 **록**

한자쓰기

간체자 录 lù
기록하다 / 총8획

간체자쓰기

'금색'을 나타내기 위해, 부수이자 뜻부분인 '金(쇠 금)'에 음부분인 '彔(새길 록)'을 더해 만든 글자이다. 본뜻은 거의 쓰이지 않고 지금은 '베끼다', '기록하다'라는 뜻으로 쓰인다.

활용어 登錄(등록), 記錄(기록)

丿 𠂉 𠂉 𠂆 牟 余 余 金 釒 釒 釒 鉅 鉅 鉅 錄 錄

錄							

フ ヨ ヨ 尹 尹 寻 录 录

录							

54

論

논할 **론**

한자쓰기

간체자 论 lùn, lún
논하다, 논어 / 총6획

간체자쓰기

'조리 있게 말하다', '앞뒤가 들어맞고 논리적으로 말하다'라는 뜻을 나타내기 위해, 부수이자 뜻부분인 '言(말씀 언)'에 음부분인 '侖(생각할 륜)'을 더해 만든 글자이다.

활용어 言論(언론), 論難(논란)
한자 성어 卓上空論(탁상공론), 論功行賞(논공행상), 空理空論(공리공론)

丶 亠 亠 言 言 言 言 訡 訡 訡 論 論 論 論 論

論							

丶 亠 讠 论 论 论

论							

倫

인륜 **륜**

(부) 亻(人, 사람 인)
(획) 총10획

한자쓰기

간체자	伦 lún
	인륜, 순서 / 총6획

간체자쓰기

원래는 '여러 사람'을 나타내기 위해, 부수이자 뜻부분인 '亻(사람 인)'에 음부분인 '侖(륜)'을 더해 만든 글자이다. 본뜻에서 확대되어 사람들과 어우러져 살아가려면 지켜야 할 '도리'나 '순서'라는 뜻으로 쓰인다.

활용어 倫理(윤리), 人倫(인륜)
한자 성어 人倫大事(인륜대사)

丿 亻 亻 仁 佮 伶 佮 侖 倫 倫

倫							

丿 亻 亻 仁 伶 伦

伦							

56

莫

없을 **막**

(부) 艹(艸, 풀 초)
(획) 총

한자쓰기

'평원의 해 지는 모습'을 나타내기 위해, '日(해 일)'과 '茻(풀 우거질 망)'을 합해 만든 글자이다. 본뜻보다는 '(이것보다 더 ~한 것이) 없다'라는 뜻으로 바뀌어 지금까지 쓰이고 있다.
• 본래 뜻인 '해지는 모습'은 '日(해 일)'을 덧붙인 '暮(저물 모)'를 만들어 나타냈다.

활용어 莫論(막론), 莫重(막중)
한자 성어 莫逆之友(막역지우), 莫上莫下(막상막하), 無知莫知(무지막지)

丶 艹 艹 艹 芢 芑 苩 苗 莒 莫 莫

莫							

57

滿

찰(가득 차다) **만**

부 氵(水, 물 수)
획 총14획

한자쓰기

간체자 **满** mǎn
가득하다 / 총13획

간체자쓰기

'물이 넘치다'라는 뜻을 나타내기 위해, 부수이자 뜻부분인 '氵(물 수)'에 음부분인 '㒼(평평할 만)'을 더해 만든 글자이다. '가득하다', '차다' 등의 뜻으로 쓰인다.

활용어 滿點(만점), 充滿(충만)
한자 성어 自信滿滿(자신만만), 滿場一致(만장일치), 滿山紅葉(만산홍엽)

丶 丶 氵 汀 汀 汁 泄 洪 浩 浩 滿 滿 滿 滿

滿							

丶 丶 氵 汀 汀 汁 汫 汫 満 満 満 満 満

満							

58

忘

잊을 **망**

부 心(마음 심)
획 총7획

한자쓰기

'마음에 남아 있지 않다'라는 뜻을 나타내기 위해, 부수이자 뜻부분인 '心(마음 심)'과 '亡(죽을 망)'을 합해 만든 글자이다. 이때 '亡(망)'은 음부분도 겸한다. '잊다'라는 뜻으로 쓰인다.

활용어 健忘(건망), 備忘錄(비망록)
한자 성어 忘年之交(망년지교), 背恩忘德(배은망덕), 見利忘義(견리망의)

丶 亠 亡 产 忘 忘 忘

忘							

칠(치다) **목**

부 牛(소 우)
획 총8획

한자쓰기

'(소를) 먹이다'라는 뜻을 나타내기 위해, '攵(攴, 칠 복)'과 '牛(소 우)'를 합해 만든 글자이다. 본뜻에서 확대되어 '기르다', '다스리다'라는 뜻으로 쓰인다.

활용어 **牧場**(목장), **放牧**(방목), **牧民心書**(목민심서)

丿 ㇏ 牛 牛 牛 牜 牧 牧

牧						

妙

묘할 **묘**

부 女(계집 녀)
획 총7획

한자쓰기

'젊은 여자'를 나타내기 위해, 부수이자 뜻부분인 '女(여자 녀)'에 음부분인 '少(적을 소)'를 더해 만든 글자이다. 본뜻에서 확대되어 '젊다', '예쁘다', '묘하다'라는 뜻으로 쓰인다.

활용어 **妙技**(묘기), **妙案**(묘안)
한자 성어 **妙技百出**(묘기백출)

㇗ 𠃌 女 女 妙 妙 妙

妙						

① 다음 한자의 뜻과 음을 쓰세요.

(1) 端 (　　　　　)　　(2) 徒 (　　　　　)

(3) 略 (　　　　　)　　(4) 列 (　　　　　)

(5) 得 (　　　　　)　　(6) 論 (　　　　　)

(7) 莫 (　　　　　)　　(8) 滿 (　　　　　)

② 다음 한자어의 독음을 쓰세요.

(1) 倫理 (　　　　　)　　(2) 強烈 (　　　　　)

(3) 徒步 (　　　　　)　　(4) 發端 (　　　　　)

③ 다음 한자의 간체자를 보기 에서 골라 쓰세요.

보기	队	录	坛	灯	养	约

(1) 壇 (　　　　　)　　(2) 隊 (　　　　　)

(3) 燈 (　　　　　)　　(4) 錄 (　　　　　)

④ 다음 뜻을 가진 사자성어를 보기 에서 골라 그 독음을 쓰세요.

보기 背恩忘德　　　　燈下不明　　　　單刀直入

(1) 혼자서 칼을 휘두르고 거침없이 적진으로 쳐들어간다는 뜻으로, 여러 말을 늘어놓지 아니하고 바로 그 요점으로 풀이하여 들어감.

　✍ _____

(2) 등잔 밑이 어둡다는 뜻으로, 가까이에 있는 물건이나 사람을 잘 찾지 못함을 이르는 말.

　✍ _____

UNIT 04

4급
- 한자 61~80
- 복습하기

61

卯

토끼, 넷째 지지 **묘**

부 卩(㔾, 병부 절)

획 총5획

'강제로 쳐들어가다'라는 뜻을 나타내기 위해, 문의 양쪽 문짝을 밀어 여는 모양을 본떠 만든 글자였다. 본뜻보다 '네 번째 지지'를 나타내는 글자로 지금까지 쓰이고 있다. 여기서 확대되어 네 번째 지지에 해당하는 동물인 '토끼'를 나타내기도 한다.

활용어 **丁卯**(정묘)

한자쓰기

卯							

62

戊

다섯째 천간 **무**

부 戈(창 과)

획 총5획

'창과 비슷한 모양의 도끼'를 나타내던 글자였으나, 본뜻보다는 '다섯 번째 천간'을 나타낼 때 쓰이게 되었다.

• 본래 뜻인 '도끼'는 '尗(아저씨 숙)'을 덧붙인 '戚(도끼 척/친척 척)'을 만들어 나타냈다.

활용어 **戊午**(무오), **戊戌**(무술)

한자쓰기

戊							

'힘을 쏟아 일하다'라는 뜻을 나타내기 위해, 부수이자 뜻부분인 '力(힘 력)'에 음부분인 '敄(힘쓸 무)'를 더해 만든 글자이다. 본뜻 이외에 '꼭 해야 할 일'이라는 뜻으로도 쓰인다.

활용어 業務(업무), 公務員(공무원)
유의어 力(힘 력), 努(힘쓸 노)
한자 성어 務實力行(무실역행)

ㅈ ㄱ ㄱ 予 矛 矛 矛 矜 敄 務 務

務						

ㅣ ㄱ ㄲ 冬 务

务						

64

密
빽빽할 밀

부 宀(집 면)
획 총11획

한자쓰기

원래는 '집 모양의 산'을 나타내기 위해, '山(메 산)'과 '宓(편안할 밀)'을 합해 만든 글자이다. 본뜻에서 확대되어 '빽빽하다', '은밀하다'라는 뜻으로 쓰인다.

활용어 密集(밀집), 精密(정밀)
한자 성어 密語相通(밀어상통), 密雲不雨(밀운불우)

ㅣ ㅣ 宀 宀 宀 宓 宓 宓 宓 密 密

密						

65

飯
밥 **반**
- 부 食(먹을 식)
- 획 총13획

한자쓰기

간체자 饭 fàn
밥 / 총7획

간체자쓰기

'밥'을 나타내기 위해, 부수이자 뜻부분인 '食(먹을 식)'에 음부분인 '反(돌이킬 반)'을 더해 만든 글자이다. '밥', '먹다'라는 뜻으로 쓰인다.

▶ 활용어   白飯(백반), 朝飯(조반)

丿 丷 亇 亇 亇 亇 亇 亇 亇 亇 亇 飯 飯

飯							

丿 亇 亇 亇 亇 饭 饭

饭							

66

防
막을 **방**
- 부 阝(阜, 언덕 부)
- 획 총7획

한자쓰기

외부의 '공격을 막는 둑'을 나타내기 위해, 부수이자 뜻부분인 '阝(언덕 부)'에 음부분인 '方(모 방)'을 더해 만든 글자이다. '막다'라는 뜻으로 주로 쓰인다.

▶ 활용어   防止(방지), 攻防(공방),
▶ 유의어   守(지킬 수)
▶ 반의어   攻(칠 공)
▶ 한자 성어   衆口難防(중구난방)

丶 阝 阝 阝 阝 防 防

防							

67

방 **방**

부 戶(지게문 호)
획 총8획

한자쓰기

집의 본채에 있는 '작은 방'을 나타내기 위해, 부수이자 뜻부분인 '戶(집 호)'에 음부분인 '方(모 방)'을 더해 만든 글자이다. 지금은 일반적인 '방'을 뜻한다.

활용어 **房門**(방문), **暖房**(난방)
한자 성어 **文房四友**(문방사우), **獨守空房**(독수공방)

丶 ㆍ 宀 宀 戶 戶 戶 房 房

房							

68

찾을 **방**

부 言(말씀 언)
획 총11획

한자쓰기

간체자   访 fǎng
방문하다 / 총6획

간체자쓰기

'의견을 묻다'라는 뜻을 나태내기 위해, 부수이자 뜻부분인 '言(말씀 언)'에 음부분인 '方(방)'을 더해 만든 글자이다. 본뜻에서 확대되어 '찾다', '뵙다'라는 뜻으로 널리 쓰인다.

활용어 **訪問**(방문), **探訪**(탐방)
유의어 **探**(찾을 탐)

丶 ㆍ 二 ㆍ 言 言 言 訂 訪 訪

訪							

丶 讠 讠 訪 訪 訪

访							

69

背
등 배

(부) 月(肉, 고기 육)
(획) 총9획

한자쓰기

'등을 돌리다'라는 뜻을 나타내기 위해, 두 사람이 등을 돌리고 있는 모양인 '北(달아날 배)'와 '月(肉, 고기 육)'을 합해 만든 글자이다. '등', '뒤', '배반하다'라는 뜻으로 쓰인다.

- 본래 글자는 '北'으로 서로 등을 돌리고 서 있는 사람을 본떠 만든 글자였다. 이 것이 '북쪽'이라는 뜻으로 더 자주 쓰이게 되자 '月(고기 육)'을 덧붙여 '背'으로 나타냈다.

| 활용어 | 背景(배경), 背後(배후) |
| 한자 성어 | 二律背反(이율배반), 背恩忘德(배은망덕) |

丨 ㅣ ㅓ 玐 北 北 背 背 背

背							

한중한자어 비교

(한) **背後** 배후 : 등의 뒤, 어떤 일의 드러나지 않은 이면.
(중) **后背** hòubèi : 등, 후방, 배후.

70

罰
벌할, 벌줄 벌

(부) 罒(网, 그물 망)
(획) 총14획

한자쓰기

간체자
罚 fá
처벌 / 총9획

간체자쓰기

'가벼운 벌'을 나타내기 위해, '刂(刀, 칼 도)'와 '詈(꾸짖을 리)'를 합해 만든 글자이다. '벌하다'라는 뜻으로 쓰인다.

- 무거운 죄에 대한 벌은 '刑(형벌 형)'이라는 글자로 나타냈다.

활용어	罰則(벌칙), 處罰(처벌)
반의어	賞(상줄 상)
한자 성어	一罰百戒(일벌백계), 信賞必罰(신상필벌)

丶 口 罒 罒 罒 罒 罚 罚 罚 罰 罰 罰 罰 罰

罰							

丶 口 罒 罒 罒 罒 罚 罚 罚

罚							

71

丙

셋째 천간 **병**

부 一(한 일)
획 총5획

한자쓰기

본래는 '제사에 희생물을 얹는 큰 상(床)'을 나타내기 위해 그 모양을 본떠 만든 글자였다. 본뜻보다는 '세 번째 천간'을 나타내는 말로 더 자주 쓰이게 되었다. 여기서 확대되어 세 번째 천간에 해당하는 방위인 '남녘'을 나타내기도 한다.

활용어 丙子胡亂(병자호란)
*胡(오랑캐 호), 亂(어지러울 난)

一 ㄱ 厂 丙 丙

丙							

72

寶

보배 **보**

부 宀(집 면)
획 총20획

한자쓰기

간체자 **宝** bǎo
보물 / 총8획

간체자쓰기

'집안에 고이 간직해 둔 보물'이라는 뜻을 나타내기 위해, '宀(집 면)'과 '玉(구슬 옥)', '貝(조개 패)'를 합해 만든 글자였다. 후에 음을 강조하기 위해 '缶(장군 부)'를 덧붙여 지금의 글자 모양이 되었다. '진귀한 것', '보물', '옥새'의 뜻으로 쓰인다.

활용어 寶物(보물), 寶庫(보고)

丶 宀 宀 宀 宁 宇 宇 宇 宇 审 审 审 审 寍 寍 寍 寶 寶 寶 寶 寶

寶							

丶 宀 宀 宁 宇 宝 宝

宝							

73 保

지킬 **보**

부 亻(人, 사람 인)
획 총9획

한자쓰기

'돌보다'라는 뜻을 나타내기 위해, '亻(사람 인)'과 '呆(어린 아이 태)'를 합해 만든 글자이다. 어른이 어린 아이를 보살피는 뜻에서 '지키다', '도와주다'라는 뜻으로 확대되어 쓰인다.

활용어 **保全**(보전), **安保**(안보)
유의어 **守**(지킬 수)

丿 亻 亻 伫 保 保 保 保 保

保						

74 伏

엎드릴 **복**

부 亻(人, 사람 인)
획 총6획

한자쓰기

'엎드리다'라는 뜻을 나타내기 위해, '亻(사람 인)'과 '犬(개 견)'을 합해 만든 글자이다. '엎드리다', '굴복하다'라는 뜻으로 쓰이며, 여기서 뜻이 확대되어 '숨기다', '숨다'라는 뜻으로도 쓰이게 되었다.

활용어 **起伏**(기복), **三伏**(삼복)
반의어 **起**(일어날 기)
한자 성어 **伏地不動**(복지부동)

丿 亻 亻 仕 伏 伏

伏						

復

돌아올 **복**, 다시 **부**

부 彳 (조금 걸을 척)
획 총12획

한자쓰기

간체자 复 fù
중복하다 / 총9획

간체자쓰기

원래 글자 모양은 '复'으로, '반복하다'라는 뜻을 나타내기 위해 '풀무를 발로 밟는 모양'을 본떠 만든 글자였다. 후에 뜻을 강조하기 위해 '彳(걸을 척)'을 덧붙여 지금의 글자 모양이 되었다. '반복하다', '되돌리다' 등의 뜻으로 쓰인다. '다시'라는 뜻으로 쓰일 때는 [부]로 읽는다.

활용어 回復(회복), 復活(부활), 復習(복습), 重復(중복)
유의어 歸(돌아갈 귀), 再(다시 재)
한자 성어 復古思想(복고사상)

丿 ⺈ 彳 彳 彳 彳 彳 徉 徉 復 復 復

復						

丿 ⺈ ⺈ 𠂇 𠂇 𠂤 㐃 复 复

复						

76

否

아닐 **부**

부 口 (입 구)
획 총7획

한자쓰기

'(무엇이) 아니다'라는 뜻을 나타내기 위해, '口(입 구)'와 '不(아니 불)'을 합해 만든 글자이다.

• '不(아닐 불/부)'은 동작이나 상태를 부정할 때 쓰인다.

활용어 否認(부인), 可否(가부)
유의어 不(아닐 불), 未(아닐 미), 非(아닐 비)
반의어 可(옳을 가), 是(옳을 시)

一 丆 オ 不 不 否 否

否						

77

佛

부처 **불**

부 亻(人, 사람 인)
획 총7획

한자쓰기

'비슷하다'라는 뜻을 나타내기 위해, 부수이자 뜻부분인 '亻(사람 인)'에 음부분인 '弗(아닐 불)'을 더해 만든 글자이다. 본뜻보다는 인도어의 발음을 나타내기 위한 글자로 자주 쓰이다가, 확대되어 '불교'를 대표하는 한자로 쓰이고 있다.

활용어 **佛教**(불교), **佛經**(불경)
한자 성어 **多情佛心**(다정불심)

丿 亻 亻 佧 佛 佛 佛

佛							

78

飛

날(날다) **비**

부 飛(날 비)
획 총9획

한자쓰기

간체자

飞 fēi

날다 / 총3획

간체자쓰기

'날다'라는 뜻을 나타내기 위해, 하늘을 나는 새의 날개 모양을 본떠만든 글자이다. '날다', '떨어지다'라는 뜻으로 쓰인다. 부수자이다.

활용어 **飛行機**(비행기), **雄飛**(웅비)
한자 성어 **烏飛梨落**(오비이락)

乁 乁 飞 飞 飞 飛 飛 飛 飛

飛							

乁 飞 飞

飞							

悲
슬플 **비**

부 心(마음 심)
획 총12획

한자쓰기

'생각대로 되지 않아 마음이 아프다'라는 뜻을 나타내기 위해, 부수이자 뜻부분인 '心(마음 심)'에 음부분인 '非(아닐 비)'를 더해 만든 글자이다. 지금은 '슬퍼하다', '불쌍히 여기다'라는 뜻으로 널리 쓰인다.

활용어 **悲壯**(비장), **悲運**(비운)
유의어 **哀**(슬플 애)
반의어 **樂**(즐길 락), **甘**(달 감)

丿 丿 丬 刂 非 非 非 非 非 悲 悲 悲

悲							

巳
뱀, 여섯째 지지 **사**

부 己(몸 기)
획 총3획

한자쓰기

원래는 '뱃속의 태아 모양'을 본뜬 글자였다. 후에 '여섯 번째 지지'를 나타낼 때 주로 쓰이게 되었고, 그에 해당하는 동물인 '뱀'을 나타내기도 한다.

활용어 **巳時**(사시), **巳年**(사년)

丁 コ 巳

巳							

① 다음 한자의 뜻과 음을 쓰세요.

(1) 務 (　　　　　)　　(2) 密 (　　　　　)

(3) 飯 (　　　　　)　　(4) 防 (　　　　　)

(5) 房 (　　　　　)　　(6) 訪 (　　　　　)

(7) 保 (　　　　　)　　(8) 伏 (　　　　　)

② 다음 한자어의 독음을 쓰세요.

(1) 佛經 (　　　　　)　　(2) 寶物 (　　　　　)

(3) 防止 (　　　　　)　　(4) 妙技 (　　　　　)

③ 다음 한자의 간체자를 보기 에서 골라 쓰세요.

보기	访	务	飞	宝	旧	变

(1) 務 (　　　　　)　　(2) 訪 (　　　　　)

(3) 寶 (　　　　　)　　(4) 飛 (　　　　　)

④ 다음 뜻을 가진 사자성어를 보기 에서 골라 그 독음을 쓰세요.

보기	務實力行	信賞必罰	伏地不動

(1) 상을 줄 만한 사람에게는 꼭 상을 주고, 벌을 줄만 한 사람에게는 꼭 벌을 줌.

　　✎ _____

(2) 땅에 엎드려 움직이지 않는다는 뜻으로, 주어진 일을 처리하는데 몸을 사린다는 말.

　　✎ _____

UNIT 05

4급
- 한자 81~100
- 복습하기

81

絲
실**사**

부 糸(실 사)
획 총12획

한자쓰기

간체자 **丝** sī
비단실 / 총5획

간체자쓰기

'명주실'을 나타내기 위해, 두 타래의 실 모양을 본떠 만든 글자이다. 후에 일반적 의미의 '실'이나 '비단'이라는 뜻으로 쓰인다.

활용어 絲狀(사상), 鐵絲(철사)

ㄥ ㄥ ㄠ ㄠ 幺 糸 糸 糹 絲 絲 絲 絲

絲							

ㄥ ㄥ ㄥㄥ ㄥㄥ 丝

丝							

82

寺
절**사**

부 寸(마디 촌)
획 총6획

한자쓰기

'모시다'라는 뜻을 나타내기 위해, '발'을 뜻하는 '土(止, 그칠 지의 변형)'에 '손'을 뜻하는 '寸(又, 또 우)'를 더해 만든 글자이다. 후에 불교가 전래되면서 '절'이라는 뜻으로 쓰이게 되었다.

• 본래 뜻인 '모시다'라는 뜻은 '亻(사람 인)'을 덧붙인 '侍(모실 시)'를 만들어 나타냈다.

활용어 寺院(사원), 山寺(산사)

一 十 土 去 寺 寺

寺							

83

舍
집 **사**

부 舌(혀 설)
획 총8획

한자쓰기

'집'을 나타내기 위해, '반지하의 움집 모양을 뜻하는 口'와 '그것을 덮은 지붕(人)'과 '기둥 모양(千)'을 본떠 만든 글자이다. '집', '여관', '가축의 우리' 등의 뜻으로 쓰인다.

활용어　**舍監**(사감), **舍宅**(사택)
유의어　**屋**(집 옥), **宅**(집 택), **堂**(집 당), **室**(집 실), **家**(집 가), **院**(집 원)

丿 人 亼 亼 仐 仐 舍 舍

舍						

84

散
흩을 **산**

부 攵(攴, 칠 복)
획 총12획

한자쓰기

'잡고기'를 나타내기 위해, '月(고기 육)'과 '㪔(흩어질 산)'을 합해 만든 글자였다. 지금은 '떼어놓다', '흩어지다', '느슨해지다'라는 뜻으로 쓰인다.

활용어　**散發**(산발), **解散**(해산)
반의어　**會**(모일 회), **合**(합할 합), **集**(모을 집)
한자 성어　**離合集散**(이합집산)

一 十 卄 芇 芇 芇 背 背 背 背 散 散

散						

85

죽일 **살**, 감할 **쇄**

부 殳(칠 수)
획 총11획

한자쓰기

간체자 杀 shā, shài
죽이다, 쇠퇴하다 / 총6획

간체자쓰기

'죽이다'라는 뜻을 나타내기 위해, 뜻부분인 '殳(칠 수)'에 음부분인 '杀(죽일 살, 나무와 풀을 베다)'을 더해 만든 글자이다. '줄다', '빨리'라는 뜻을 나타낼 때는 '쇄'로 읽는다.

활용어 　殺害(살해), 殺到(쇄도), 相殺(상쇄)
한자 성어 　殺身成仁(살신성인), 寸鐵殺人(촌철살인)

ノ メ ㇋ 乎 爷 杀 杀 杀 殺 殺 殺

殺				

ノ メ ㇋ 乎 杀 杀

杀				

86

형상 **상**, 문서 **장**

부 犬(개 견)
획 총8획

한자쓰기

간체자 状 zhuàng
상태 / 총7획

간체자쓰기

'물건의 생긴 모양이나 상태'를 나타내기 위해, '爿(나뭇조각 장)'과 '犬(개 견)'을 합해 만든 글자이다. '문서', '편지'를 나타낼 때는 '장'으로 읽는다.

활용어 　實狀(실상), 賞狀(상장)

丨 丬 扎 爿 圵 壮 狀 狀

狀				

丶 丬 丬 壮 壮 状 状

状				

想
생각 **상**

부 心(마음 심)
획 총13획

한자쓰기

'마음속으로 무엇을 생각하다'라는 뜻을 나타내기 위해, 부수이자 뜻부분인 '心(마음 심)'에 음부분인 '相(서로 상)'을 더해 만든 글자이다. '생각하다', '추측하다', '그리워하다'라는 뜻으로 쓰인다.

활용어 思想(사상), 感想(감상)
유의어 念(생각 념), 思(생각 사)
한자 성어 無念無想(무념무상)

一 十 才 才 利 和 相 相 相 相 想 想 想

想							

88

床
평상 **상**

부 广(집 엄)
획 총7획

한자쓰기

나무로 만든 '평상'을 나타내기 위해, 평상을 세워 놓은 모습인 '爿(나무조각 장)'에 뜻을 강조하기 위한 '木(나무 목)'을 합해 만든 글자였다. 후에 간편하게 쓰기 위해, '床(평상 상)'의 글자 모양으로 바뀌었다.

• '밥상', '책상', '침대'처럼 집안(广)에서 쓰는 목재(木) 가구로 이해하면 된다.

활용어 平床(평상), 病床(병상)

丶 亠 广 广 庄 庄 床

床							

89

聲

소리 **성**

부 耳(귀 이)
획 총17획

'악기 소리'를 나타내기 위해, '손에 막대기를 쥐고 석경(石磬, 돌로 만든 경쇠)을 쳐서[殳] 울리는 소리를 귀[耳]로 듣고 있는 모습으로 표현한 글자이다. 후에 일반적인 뜻으로 확대되어 '소리'를 나타내게 되었다.

활용어 **聲量**(성량), **發聲**(발성)
한자 성어 **異口同聲**(이구동성), **高聲放歌**(고성방가)

한자쓰기

一 十 士 声 声 声 声 声 声 殸 殸 殸 磬 磬 磬 聲 聲

聲							

간체자 声 shēng 소리 / 총7획

간체자쓰기

一 十 士 声 声 声 声

声							

90

細

가늘 **세**

부 糸(실 사)
획 총11획

'가는 실'을 나타내기 위해, 부수이자 뜻부분인 '糸(실 사)'와 음부분인 '田(밭 전)'을 합해 만든 글자이다. 이후 확대되어 '가늘다', '작다'라는 뜻으로 널리 쓰인다.

활용어 **細密**(세밀), **明細書**(명세서)
유의어 **小**(작을 소)
반의어 **大**(큰 대), **巨**(클 거)

한자쓰기

𠃋 幺 幺 糸 糸 糸 糸 細 細 細 細

細							

간체자 细 xì 가늘다 / 총8획

간체자쓰기

𠃋 幺 纟 纟 纫 细 细 细

细							

91

税

세금, 구실 **세**

부 禾(벼 화)
획 총12획

한자쓰기

'세금'을 나타내기 위해, 부수이자 뜻부분인 '禾(벼 화)'에 음부분인 '兌 (바꿀 태)'를 더해 만든 글자이다. 지금도 '세금'이라는 뜻으로 쓰인다.

활용어 稅金(세금), 納稅(납세)

丿 二 千 ギ 禾 禾 秒 秒 稍 稍 稅 稅

稅						

한중한자어 비교

한 **稅關** 세관 : 비행장, 항만 등에 설치된 기관. 들고나는 물품이나 화물 단속 과 관세에 관한 일을 맡고 있다.

중 **海关** hǎiguān : 세관.

92

掃

쓸(쓸다) **소**

부 扌(手, 손 수)
획 총11획

한자쓰기

간체자 扫 sǎo
쓸다, 청소하다 / 총6획

간체자쓰기

'비로 쓸다'라는 뜻을 나타내기 위해, 뜻부분인 '扌(손 수)'에 음부분인 '帚(비 추)'를 더해 만든 글자이다. '쓸다', '칠하다', '없애다'라는 뜻으 로 쓰인다.

활용어 淸掃(청소), 一掃(일소)

一 十 扌 扌 扩 扫 扫 扫 掃 掃 掃

掃						

一 十 扌 扫 扫 扫

扫						

笑

웃음 **소**

부 竹(대 죽)
획 총10획

한자쓰기

대나무[竹]가 바람에 흔들리며 구부러지는 모양[夭]과 댓잎이 서걱대는 소리에서, '웃음', '웃다'의 뜻이 생겼다.

활용어 談笑(담소), 失笑(실소)
반의어 哭(울 곡)

丿 ⺊ ⺮ ⺮ ⺮ ⺮ ⺮ 竺 竺 笑

笑 | | | | | | | |

素

흴(희다), 본디 **소**

부 糸(가는 실 사)
획 총10획

한자쓰기

아직 염색을 하지 않은 본색의 '비단'을 나타내기 위해, '糸(실 사)'와 나머지 부분(生의 생략형)을 합해 만든 글자이다. '본디', '바탕'이라는 뜻으로 널리 쓰이고 있다.

활용어 素質(소질), 平素(평소)
유의어 質(바탕 질)

一 ニ 十 生 素 素 素 素 素 素

素 | | | | | | |

95

續

이을 **속**

부 糸(실 사)
획 총21획

✎ 한자쓰기

간체자 **续** xù
이어지다 / 총11획

✎ 간체자쓰기

'실을 잇다'라는 뜻을 나타내기 위해, 부수이자 뜻부분인 '糸(실 사)'에 음부분인 '賣(팔 매)'를 더해 만든 글자이다. 일반적인 뜻으로 확대되어 '잇다', '계속하다'라는 뜻으로 쓰인다.

활용어 手**續**(수속), 持**續**(지속), 繼**續**(계속)
유의어 **接**(이을 접), **連**(잇닿을 련), **承**(이을 승), **繼**(이을 계)
반의어 **斷**(끊을 단)

ˊ ˊ ˊ 幺 糸 糸 紆 糸 紆 紆 紂 綺 綺 綺 綺 綺 續 續 續

續								

ˊ ˊ ˊ ˊ 纩 纩 纺 纺 续 续

续						

96

俗

풍속 **속**

부 亻(人, 사람 인)
획 총9획

✎ 한자쓰기

'풍속'이라는 뜻을 나타내기 위해, 부수이자 뜻부분인 '亻(사람 인)'에 음부분인 '谷(골 곡)'을 더해 만든 글자이다. 본뜻에서 확대되어 '평범하다', '천하다'라는 뜻으로도 쓰인다.

활용어 俗**物**(속물), 風**俗**(풍속)
한자 성어 美風良**俗**(미풍양속), 世**俗**五戒(세속오계)

ノ 亻 亻 伙 伙 伙 俗 俗 俗

俗						

97

松

소나무 **송**

부 木(나무 목)
획 총8획

한자쓰기

'소나무'를 나타내기 위해, 부수이자 뜻부분인 '木(나무 목)'에 음부분인 '公(공경할 공)'을 더해 만든 글자이다. '소나무'라는 뜻으로 쓰인다.

활용어 松花(송화), 靑松(청송)

一 十 才 木 松 松 松 松

松							

98

收

거둘 **수**

부 攵(攴, 칠 복)
획 총6획

한자쓰기

'(때려) 잡다'라는 뜻을 나타내기 위해, 부수이자 뜻부분인 '攵(칠 복)'에 음부분인 'ㅣ(얽힐 구)'를 더해 만든 글자이다. 지금은 '거두다'라는 뜻으로 확대되어 쓰인다.

활용어 收集(수집), 收錄(수록)
유의어 拾(주울 습), 集(모을 집)
반의어 給(줄 급)

ㄴ ㅚ ㅚ' ㅄ 收 收

收							

愁

근심 **수**

부 心(마음 심)
획 총13획

한자쓰기

'마음으로 걱정하다'라는 뜻을 나타내기 위해, 부수이자 뜻부분인 '心 (마음 심)'에 음부분인 '秋(가을 추)'를 더해 만든 글자이다. '시름하 다', '걱정하다', '근심하다'라는 뜻으로 쓰인다.

활용어   愁心(수심), 鄕愁(향수)
유의어   患(근심 환)

丿 ㇐ 千 禾 禾 禾 秒 秒 秋 秋 愁 愁 愁

愁							

修

닦을 **수**

부 亻(人, 사람 인)
획 총10획

한자쓰기

'장식하다'라는 뜻을 나타내기 위해, '장식'을 뜻하는 '彡(터럭 삼)'에 음부분인 '攸(바 유)'를 더해 만든 글자이다. 지금은 '(마음을) 닦다', '고치다'라는 뜻으로 확대되어 쓰인다.

활용어   修養(수양), 修正(수정)
유의어   習(익힐 습), 學(배울 학), 練(익힐 련), 硏(갈 연)
반의어   敎(가르칠 교), 訓(가르칠 훈)
한자 성어   修己治人(수기치인)

丿 亻 亻 亻 亻 攸 攸 修 修 修

修							

① 다음 한자의 뜻과 음을 쓰세요.

(1) 絲 ( ) (2) 寺 ( )

(3) 散 ( ) (4) 殺 ( )

(5) 狀 ( ) (6) 想 ( )

(7) 稅 ( ) (8) 笑 ( )

② 다음 한자어의 독음을 쓰세요.

(1) 風俗 ( ) (2) 素質 ( )

(3) 聲量 ( ) (4) 解散 ( )

③ 다음 한자의 간체자를 보기 에서 골라 쓰세요.

보기	杀	狀	丝	声	两	产

(1) 絲 ( ) (2) 殺 ( )

(3) 狀 ( ) (4) 聲 ( )

④ 다음 뜻을 가진 사자성어를 보기 에서 골라 그 독음을 쓰세요.

보기	寸鐵殺人	密語相通	殺身成仁

(1) 자신의 몸을 죽여 인을 이룬다는 뜻으로, 자기의 몸을 희생하여 옳은 도리를 행함.

(2) 한 치의 쇠붙이로도 사람을 죽일 수 있다는 뜻으로, 간단한 말로도 남을 감동하게 하거나 남의 약점을 찌를 수 있음을 이르는 말.

UNIT 06

4급
- 한자 101~120
- 복습하기

101

受

받을 **수**

부 又(또 우)
획 총8획

한자쓰기

'나루터에서 물건을 주고받다'라는 뜻을 나타내기 위해, '손 모양'을 뜻하는 '爪(손톱 조)', '배'를 뜻하는 '舟(배 주)', '손 모양'을 뜻하는 '又(또 우)'를 합해 만든 글자이다. 본뜻은 없어지고 '받다', '거두다'의 뜻으로 쓰이고 있다.

• 본래 뜻인 '주다'는 '扌(손 수)'를 덧붙인 '授(줄 수)'로 만들어 나타냈다.

활용어   受難(수난), 收受料(수수료)
유의어   拾(주울 습), 集(모을 집)
반의어   與(줄 여), 授(줄 수)
한자 성어   自作自受(자작자수)

丶 丶 丷 爫 爫 爫 空 受 受

受						

102

授

줄(주다) **수**

부 扌(手, 손 수)
획 총11획

한자쓰기

'손으로 집어 건네주다'라는 뜻을 나타내기 위해, '受(받을 수)'에 '扌(손 수)'를 더해 만든 글자이다. '주다'라는 뜻으로 쓰인다.

활용어   授受(수수), 授與(수여)
유의어   給(줄 급), 與(줄 여)
반의어   受(받을 수)

一 十 扌 扩 扩 扩 护 护 护 授 授

授						

純

순수할 **순**

- 부 糸(실 사)
- 획 총10획

한자쓰기

간체자	纯 chún
	깨끗하다 / 총7획

간체자쓰기

원래 '누에실'을 나타내기 위해, '누에고치에서 실을 뽑는 모양'을 본뜬 글자인 '屯(진칠 둔)'과, '糸(실 사)'를 합해 만든 글자이다. 본뜻에서 확대되어 '순수하다', '깨끗하다'라는 뜻으로 주로 쓰인다.

- 활용어 **純潔**(순결), **純眞**(순진)
- 유의어 **潔**(깨끗할 결)
- 한자 성어 **至高至純**(지고지순)

` ⺈ ⺀ 糸 糸 糸 糸 糸 糸 純`

純							

` ⺈ ⺀ 纟 纟 纟 纟 纯`

纯							

戌

개, 열한째 지지 **술**

- 부 戈(창 과)
- 획 총6획

한자쓰기

원래 '도끼'를 나타내기 위해 만든 글자였다. 후에 본뜻보다는 '열한 번째 지지', 혹은 그에 해당하는 동물인 '개'를 나타낼 때 주로 쓰이게 되었다.

- 활용어 **戌時**(술시), **甲戌**(갑술)

` ⼁ ⼚ ⼚ 戌 戌 戌`

戌							

105

拾
주울 **습**, 열 **십**
- 부 扌(手, 손 수)
- 획 총9획

한자쓰기

'손으로 땅에 떨어진 물건을 줍다'라는 뜻을 나타내기 위해, 부수이자 뜻부분인 '扌(손 수)'에 음부분인 '合(합할 합)'을 더해 만든 글자이다. '十(열 십)'의 갖은자로 쓸 때는 [십]으로 읽는다.

- **활용어** 拾得(습득), 收拾(수습)
- **유의어** 收(거둘 수)
- **한자 성어** 道不拾遺(도불습유)

一 十 扌 扚 扲 护 拾 拾 拾

拾							

106

承
이을 **승**
- 부 扌(手, 손 수)
- 획 총8획

한자쓰기

'받들다'라는 뜻을 나타내기 위해, 쭈그려 앉은 사람을 본뜬 '卩(병부 절)'과 두 손으로 받든 모습을 본뜬 '廾(받들 공)'을 합해 만든 글자이다. 본뜻에서 확대되어 '이어받다'라는 뜻으로 쓰이고 있다.

- **활용어** 傳承(전승), 承服(승복)
- **유의어** 繼(이을 계), 續(이을 속)
- **한자 성어** 繼繼承承(계계승승)

一 了 了 孑 手 承 承 承

承							

107

息

쉴(쉬다) **식**

- 부 心(마음 심)
- 획 총10획

한자쓰기

들이쉬고 내쉬는 '숨'을 나타내기 위해, 코를 나타내는 '自(스스로 자)'와 심장을 나타내는 '心(마음 심)'을 합해 만든 글자이다. '숨을 쉬다'라는 뜻 외에도 '쉬다', '불어나다', '자식' 등을 뜻할 때 쓰인다.

> 활용어 **休息**(휴식), **消息**(소식)
> 유의어 **休**(쉴 휴)
> 한자성어 **自强不息**(자강불식), **晝夜不息**(주야불식), **消息不通**(소식불통)

丿 亻 宀 宀 自 自 自 息 息 息

息						

108

識

알(알다) **식**, 표지 **지**

- 부 言(말씀 언)
- 획 총19획

한자쓰기

'말을 알아듣다'라는 뜻을 나타내기 위해, 부수이자 뜻부분인 '言(말씀 언)'에 음부분인 '戠(찰흙 시)'를 더해 만든 글자이다. '알다', '지식'이라는 뜻으로 쓰인다. '기록하다', '표시'를 나타낼 때는 [지]로 읽는다.

> 활용어 **識別**(식별), **知識**(지식)
> 유의어 **知**(알 지), **認**(알 인)
> 한자성어 **一字無識**(일자무식), **目不識丁**(목불식정)

丶 亠 亠 言 言 言 言 言 訶 詢 詢 諳 諳 諳 諳 識 識 識

識						

간체자 **识** shí, zhì
알다, 표지 / 총7획

丶 讠 讠 识 识 识 识

识						

간체자쓰기

109

申

거듭, 원숭이, 아홉째 지지 **신**

- 부 田(밭 전)
- 획 총5획

한자쓰기

'번개'라는 뜻을 나타내기 위해, 번갯불이 번쩍이는 모양을 본떠 만든 글자였다. 후에 '거듭', '알리다', '아홉 번째 지지' 그에 해당하는 동물인 '원숭이'라는 뜻으로 더 많이 쓰이게 되었다.

• 본래 뜻인 '번개'는 '자연현상'을 나타내는 '雨(비 우)'를 덧붙여 '電(번개 전)'을 만들어 나타냈다.

활용어 申告(신고), 甲申政變(갑신정변)

ㅣ ㄇ ㄇ 日 申

申							

110

我

나 **아**

- 부 戈(창 과)
- 획 총7획

한자쓰기

톱니 모양의 날이 붙은 고대 무기를 본떠 만든 글자이다. 후에 가차되어 '나', '자기'의 뜻으로 쓰게 되었다.

활용어 我軍(아군), 我國(아국)
반의어 他(다를 타)
한자 성어 我田引水(아전인수)

ㅣ ㄴ 푸 푸 我 我 我

我							

111

餘
남을 **여**

부 食(먹을 식)
획 총16획

한자쓰기

간체자 余 / 馀 yú
남기다 / 총7획 / 총10획

간체자쓰기

배불리 먹고도 '남음이 있다'라는 뜻을 나타내기 위해, 부수이자 뜻부분인 '食(먹을 식)'에 음부분인 '余(나 여)'를 더해 만든 글자이다. '남다'라는 뜻으로 쓰인다.

• 중국어에서 '余'는 '餘'의 간체자로 쓰이지만, 본래 글자인 '余(나 여)'와 혼란이 올 수 있을 때는 '馀'를 쓴다.

활용어 **餘念**(여념), **餘生**(여생)
한자 성어 **讀書三餘**(독서삼여)

丿 亻 亽 亽 亽 亼 亼 亽 亽 亽 餘 餘 餘 餘 餘 餘

餘						

丿 人 스 亼 余 余 余   丿 亻 仒 仒 仒 仒 仒 餘 馀

余			馀			

112

與
줄(주다) **여**

부 臼(절구 구)
획 총14획

한자쓰기

간체자 与 yǔ, yù, yú
주다, 참가하다 / 총3획

간체자쓰기

'동아리'라는 뜻을 나타내기 위해, '与(줄 여)'와 '舁(마주들 여)'를 합해 만든 글자이다. 이후 '함께 하다', '주다'라는 뜻으로 쓰이게 되었다.

활용어 **與件**(여건), **授與**(수여)
유의어 **參**(참여할 참), **授**(줄 수)
반의어 **受**(받을 수), **野**(들 야)

丶 丿 丨 丨 丨 丨 丬 冉 冉 冉 冉 與 與 與

與						

一 ち 与

与						

113

逆

거스를 **역**

부 辶(辵, 쉬엄쉬엄 갈 착)
획 총10획

✎ 한자쓰기

'맞이하다'라는 뜻을 나타내기 위해, '辶(갈 착)'과 해를 등지고 이쪽으로 오는 사람의 그림자 모습을 본뜬 '屰(거스를 역)'을 합해 만든 글자이다. 본뜻에서 확대되어 '거스르다', '거꾸로'라는 뜻으로 주로 쓰인다.

활용어 逆境(역경), 反逆(반역)
반의어 順(따를 순), 忠(충성 충)
한자 성어 莫逆之友(막역지우), 忠言逆耳(충언역이)

` ` ` ` ` ` ` ` ` 逆 逆 逆 逆 逆 逆 逆 逆

逆							

114

研

갈(갈다) **연**

부 石(돌 석)
획 총11획

✎ 한자쓰기

간체자 研 yán, yàn
연구하다, 벼루 / 총9획

✎ 간체자쓰기

'(돌로) 갈다'라는 뜻을 나타내기 위해, 부수이자 뜻부분인 '石(돌 석)'에 음부분인 '幵(평평할 견)'을 더해 만든 글자이다. 본뜻에서 확대되어 '깊이 생각하다', '연구하다'라는 뜻으로 쓰인다.

활용어 研究(연구), 研修(연수)
유의어 究(연구할 구), 修(닦을 수)

` ` ` ` 石 石 石 石 研 研 研 研

研							

` ` ` ` 石 石 石 研 研

研							

煙
연기 **연**
- 부 灬(火, 불 화)
- 획 총13획

한자쓰기

간체자 烟 yān
연기, 담배 / 총10획

간체자쓰기

'그을음'을 나타내기 위해, 부수이자 뜻부분인 '火(불 화)'에 음부분인 '垔(막을 인)'을 더해 만든 글자이다. '연기', '담배'라는 뜻으로 쓰인다.

활용어 煙氣(연기), 禁煙(금연)
한자 성어 江湖煙波(강호연파)

丶 丶 丷 丬 火 灯 灯 炉 炬 炬 煙 煙 煙

煙							

丶 丶 丷 丬 火 灯 灯 炉 炮 烟

烟							

營
경영할 **영**
- 부 灬(火, 불 화)
- 획 총17획

한자쓰기

간체자 营 yíng
경영하다 / 총11획

간체자쓰기

침략을 대비하기 위해 밤에도 횃불을 환히 밝혀 놓는 집, 즉 '병영'을 나타내기 위해 '熒(등불 형)'과 '呂(등뼈 려)'를 합해 만든 글자이다. '병영'이란 군대가 집단적으로 거처하는 집을 말한다. 본뜻 외에도 '짓다', '(이익을) 꾀하다', '캠프'라는 뜻으로 쓰인다.

활용어 營利(영리), 經營(경영)
유의어 經(지날 경)

丶 丷 丷 丷 氺 氺 炒 炒 炒 營 營 營 營 營 營

營							

一 艹 艹 艹 艹 艹 营 营 营 营 营

营							

117 榮

영화 **영**

- 부 木(나무 목)
- 획 총14획

한자쓰기

간체자 荣 róng
번영하다 / 총9획

간체자쓰기

나뭇가지에 꽃이 무성하게 핀 모습을 나타내기 위해, '木(나무 목)'과 '炏'을 합해 만든 글자이다. 나무에 꽃이 무성하게 핀 것을 '영(榮)', 풀에 핀 꽃을 '화(華)'라 한다. 그러니 '영화(榮華)'라고 하면 온 세상에 꽃이 활짝 피어난 것처럼, 몸이 귀하게 되어 이름이 세상에 빛나는 것을 나타낸다.

활용어 榮光(영광), 虛榮(허영) **유의어** 華(빛날 화)

한자 성어 富貴榮華(부귀영화), 共存共榮(공존공영)

丶 丶 丷 丬 木 木 木 炏 炏 炏 炏 炏 栄 榮 榮

榮							

一 艹 艹 艹 芒 芒 芌 荣 荣

荣							

한중한자어 비교

- 한 榮光 영광 : 빛나고 아름다운 영예.
- 중 光荣 guāngróng : 영광, 영광스럽다.

118 藝

재주 **예**

- 부 艹(艸, 풀 초)
- 획 총19획

한자쓰기

간체자 艺 yì
기예, 예술 / 총4획

간체자쓰기

'식물을 심고 가꾸다'라는 뜻을 나타내기 위해 '埶(심을 예)'에, '木(나무 목)'과 '丸(釚, 잡을 극)', '土(흙 토)'를 합해 만든 글자이다. '식물을 심고 가꾼다'라는 뜻에서 확대하여 무엇을 잘 할 수 있는 타고난 바탕, 즉 '재주'라는 뜻으로 쓰인다.

활용어 藝術(예술), 園藝(원예) **유의어** 術(재주 술)

한자 성어 多才多藝(다재다예)

丶 丿 艹 艹 埶 埶 埶 埶 埶 埶 埶 埶 蓺 蓺 蓺 藝 藝 藝

藝							

一 艹 艺

艺							

誤

그르칠 **오**

부 言(말씀 언)
획 총14획

한자쓰기

간체자 误 wù
틀리다, 실수 / 총9획

간체자쓰기

'말을 그르치다'라는 뜻을 나타내기 위해, 부수이자 뜻부분인 '言(말씀 언)'에 음부분인 '吳(성씨 오/오나라 오)'를 더해 만든 글자이다. 본뜻에서 확대되어 '그르치다', '잘못하다', '틀리다'라는 뜻으로 쓰이게 되었다.

활용어 誤解(오해), 過誤(과오), 正誤(정오)
유의어 過(지날 과)
반의어 正(바를 정)

`丶 一 亠 言 言 言 言 言 誤 誤 誤 誤 誤 誤`

誤							

`丶 讠 讠 讠 误 误 误 误 误`

误							

謠

노래 **요**

부 言(말씀 언)
획 총17획

한자쓰기

간체자 谣 yáo
노래, 소문 / 총12획

간체자쓰기

'악기 반주 없이 입으로 하는 노래'를 나타내기 위해, 부수이자 뜻부분인 '言(말씀 언)'에 음부분인 '䍃(질그릇 요)'를 더해 만든 글자이다. '노래', '헛소문'이라는 뜻으로 쓰인다.

활용어 歌謠(가요), 童謠(동요)
유의어 歌(노래 가), 樂(풍류 악)

`丶 一 亠 言 言 言 言 言 謠 謠 謠 謠 謠 謠 謠 謠 謠`

謠							

`丶 讠 讠 讠 讠 讠 讠 谣 谣 谣`

谣							

❶ 다음 한자의 뜻과 음을 쓰세요.

(1) 修 (   )   (2) 受 (   )

(3) 授 (   )   (4) 戍 (   )

(5) 拾 (   )   (6) 承 (   )

(7) 息 (   )   (8) 逆 (   )

❷ 다음 한자어의 독음을 쓰세요.

(1) 純眞 (   )   (2) 知識 (   )

(3) 榮光 (   )   (4) 童謠 (   )

❸ 다음 한자의 간체자를 보기 에서 골라 쓰세요.

보기	烟	艺	与	营	练	陆

(1) 與 (   )   (2) 煙 (   )

(3) 營 (   )   (4) 藝 (   )

❹ 다음 뜻을 가진 사자성어를 보기 에서 골라 그 독음을 쓰세요.

보기	忠言逆耳	一字無識	江湖煙波

(1) 충직한 말은 귀에 거슬림.

    ✍ _____

(2) 강이나 호수 위에 안개처럼 보얗게 이는 기운. 대자연의 풍경.

    ✍ _____

UNIT 07

4급
- 한자 121~140
- 복습하기

121

빛날 **요**

부 日(날 일)
획 총18획

한자쓰기

'빛나다'라는 뜻을 나타내기 위해, 뜻부분인 '日(해 일)'과 음부분인 '翟(꿩 적)'을 더해 만든 글자이다. 매일 매일이 빛나는 날이 되기를 소망하면서 '曜日(요일)'을 나타내는 한자어를 만들었나 봅니다.

활용어 曜日(요일), 土曜日(토요일)

丨 冂 日 日 日ヲ 日ヲ 日ヲ 日ヲヲ 日ヲ彐 日ヲ彐 日ヲ彐 日羽 日羽 日翟 日翟 日翟 曜

曜							

한중한자어 비교

한 **曜日** 요일 : 일주일의 각 날을 이르는 말.

중 **星期** xīngqī : 요일

• 月曜日(월요일)=星期一, 火曜日(화요일)=星期二, 水曜日(수요일)=星期三, 木曜日(목요일)=星期四, 金曜日(금요일)=星期五, 土曜日(토요일)=星期六, 日曜日(일요일)=星期日(天)

122

얼굴 **용**

부 宀(집 면)
획 총10획

한자쓰기

'받아들이다'라는 뜻을 나타내기 위해, '宀(집 면)'과 '谷(골짜기 곡)'을 합해 만든 글자이다. 본뜻 외에도 '얼굴', '모양', '그릇 안에 넣다'라는 뜻으로도 쓰인다.

활용어 容器(용기), 收容(수용)
한자 성어 氷炭不相容(빙탄불상용)

丶 宀 宀 宀 宀 宀 容 容 容 容

容							

123

遇

만날 **우**

- 부 辶(辵, 쉬엄쉬엄 갈 착)
- 획 총13획

한자쓰기

길을 가다 '우연히 만나다'라는 뜻을 나타내기 위해, 뜻부분인 '辶(갈 착)'에 음부분인 '禺(원숭이 우)'를 더해 만든 글자이다.

활용어 **境遇**(경우), **不遇**(불우)

丨 冂 冂 曰 日 禺 禺 禺 禺 遇 遇 遇

遇							

124

員

인원 **원**

- 부 口(입 구)
- 획 총10획

한자쓰기

간체자 **员** yuán
종사자 / 총7획

간체자쓰기

'둥근 솥'을 나타내기 위해, 솥의 아가리를 나타내는 '口'와 '鼎(솥 정)'이 간단하게 변한 '貝'를 합해 만든 글자이다. 지금은 '사람 수', '수효(낱낱의 수)', '단체의 구성원', '어떤 일에 종사하는 사람' 등의 뜻으로 쓰인다.

활용어 **人員**(인원), **減員**(감원)

丨 冂 冂 尸 月 月 月 昌 員 員

員							

丨 冂 冂 尸 吕 员 员

员							

125

圓

둥글 **원**

- 부 口(둘레 위)
- 획 총13획

한자쓰기

간체자

圆
yuán

둥글다, 원 / 총10획

간체자쓰기

'둥글다'라는 뜻을 나타내기 위해, 둥근 테두리 모양이 변화된 '口(에울 위)'와 '둥근 솥'이 간단하게 변한 '員(인원 원)'을 합해 만든 글자이다. '둥글다', '두루 갖추어져 있다'라는 뜻으로 쓰인다.

활용어	圓形(원형), 圓滿(원만)
유의어	團(둥글 단)
반의어	方(네모 방)
한자 성어	天圓地方(천원지방)

丨 冂 冂 冃 冃 冃 冃 圁 圓 圓 圓 圓 圓

圓							

丨 冂 冂 冃 冃 冃 冃 圆 圆 圆

圆							

126

危

위태할 **위**

- 부 㔾(병부 절)
- 획 총6획

한자쓰기

'두려워하다'라는 뜻을 나타내기 위해, '벼랑'을 뜻하는 '厂(언덕 엄)'과 그 위에 '서 있는 사람'인 '亻(사람 인)', '쭈그리고 앉아 있는 사람'인 '㔾(병부 절)'을 합해 만든 글자이다. '위험하다', '위태하다'라는 뜻으로 쓰인다.

활용어	危急(위급), 安危(안위)
반의어	安(편안할 안)
한자 성어	見危致命(견위치명)

丿 ⺈ ⺈ 产 产 危

危							

遺

남길 **유**

부 辶(辵, 쉬엄쉬엄 갈 착)
획 총16획

한자쓰기

간체자 遗 yí
잃다, 유실물 / 총12획

간체자쓰기

'잃어버리다'라는 뜻을 나타내기 위해, '辶(갈 착)'과 '貴(귀할 귀)'를 합해 만든 글자이다. 본뜻 외에 '끼치다', '버리다', '남기다' 등으로 확대되어 쓰인다.

활용어 **遺物**(유물), **遺失**(유실)

丶 ㄱ ㅁ 中 虫 虫 肀 冉 冉 咅 咅 貴 貴 遺 遺 遺 遺

遺						

丶 ㄱ ㅁ 中 虫 肀 肀 貴 貴 遗 遗 遗

遗						

酉

닭, 열째 지지 **유**

부 酉(닭 유)
획 총7획

한자쓰기

원래는 '술'을 나타내기 위해, 술독 모양을 본떠 만든 글자였다. 후에 본뜻은 없어지고, '열 번째 지지'를 나타내거나 그에 해당하는 동물인 '닭'을 뜻하게 되었다.
• 본래 뜻인 '술'은 氵(물 수)'를 덧붙인 '酒(술 주)'를 만들어 나타냈다.

활용어 **丁酉**(정유), **乙酉**(을유)

一 ㄱ ㄲ 丙 丙 两 酉

酉						

129

乳
젖**유**

부 乚(乙, 새 을)
획 총8획

✏️
한자쓰기

'젖먹이다' 또는 '젖'을 나타내기 위해, 다소곳이 앉은 여인의 가슴 모양을 나타낸 '乚(乙, 새 을)'에, 손으로 껴안는 모습을 나타내는 '爪(손톱 조)'와 아이를 뜻하는 '子(아들 자)'를 합해 만든 글자이다.

[활용어] 牛乳(우유), 授乳(수유), 乳製品(유제품)

´ ⺊ ⺊ ⺊⺊ ⺊⺊ 乎 乎 乳

乳						

130

陰
그늘**음**

부 阝(阜, 언덕 부)
획 총11획

✏️
한자쓰기

간체자
陰 yīn
흐리다 / 총6획

✏️
간체자쓰기

'응달'을 나타내기 위해, 부수이자 뜻부분인 '阝(언덕 부)'에 음부분인 '侌(그늘 음)'을 더해 만든 글자이다. 지금도 햇볕이 들지 않아 그늘진 곳인 '응달', '흐리다'는 뜻으로 쓰인다.

[활용어] 陰地(음지), 陰陽(음양), 寸陰(촌음)
[반의어] 陽(볕 양)
[한자 성어] 一寸光陰(일촌광음), 陰德陽報(음덕양보)

´ ⺉ 阝 阝´ 阝⺀ 阽 阽 陉 陉 陰 陰

陰						

⺉ 阝 阝 阴 阴 阴

阴						

131

應
응할 **응**

부 心(마음 심)
획 총17획

한자쓰기

간체자	应	yīng, yìng
응답하다, 허락하다 / 총7획

간체자쓰기

'마땅하다'라는 뜻을 나타내기 위해, 뜻부분인 '心(마음 심)'에 음부분인 '雁(鷹, 매 응)'을 더해 만든 글자이다. 본뜻 외에도 '응하다', '맞다'라는 뜻으로도 쓰인다.

활용어 **應試**(응시), **呼應**(호응), **反應**(반응)
반의어 **呼**(부를 호)
한자 성어 **因果應報**(인과응보), **首尾相應**(수미상응)

`, ㇒ 广 广 广 庐 庐 庐 庐 庐 庐 雁 雁 雁 應 應 應`

應							

`, ㇒ 广 广 广 应 应`

应							

132

依
의지할 **의**

부 亻(人, 사람 인)
획 총8획

한자쓰기

'(옷을) 입다'라는 뜻을 나타내기 위해, 부수이자 뜻부분인 '亻(사람 인)'과 '衣(옷 의)'를 합해 만든 글자이다. 이때 '衣(의)'는 음부분도 겸한다. 본뜻에서 확대되어 '의지하다', '기대다'라는 뜻으로 쓰인다.

활용어 **依支**(의지), **依存**(의존)
한자 성어 **山川依舊**(산천의구), **歸依三寶**(귀의삼보)

`, 亻 亻 仟 仟 侬 依 依`

依							

133

異
다를 **이**

부 田(밭 전)
획 총11획

한자쓰기

간체자 异 yì
다르다, 이상하다 / 총6획

간체자쓰기

귀신이 가면을 쓰고 두 손을 흔들며 춤을 추는 모습을 본떠 만든 글자이다. 여기서 뜻이 확대되어 '다르다'라는 뜻으로 쓰인다.

활용어 **異變**(이변), **同異**(동이), **特異**(특이)
유의어 **他**(다를 타), **別**(다를 별)
반의어 **同**(한가지 동)
한자 성어 **大同小異**(대동소이), **異口同聲**(이구동성), **同名異人**(동명이인)

丶 冂 日 日 田 田 쀼 쀼 嬲 異 異

異						

フ フ ㅌ 므 吊 异

异						

134

移
옮길 **이**

부 禾(벼 화)
획 총11획

한자쓰기

'벼이삭 같이 약하다'라는 뜻을 나타내기 위해, 뜻부분인 '禾(벼 화)'에 음부분인 '多(많을 다)'를 더해 만든 글자이다. 후에 '옮기다'라는 의미를 나타낼 때 이 글자를 빌려 쓴 것이 지금에 이르고 있다.

활용어 **移動**(이동), **移植**(이식)
유의어 **動**(움직일 동), **行**(행할 행), **運**(옮길 운), **擧**(들 거)
한자 성어 **怒甲移乙**(노갑이을), **移木之信**(이목지신)

丿 二 千 千 禾 禾 移 移 移 移 移

移						

135

益

더할 **익**

- 부 皿(그릇 명)
- 획 총10획

한자쓰기

益 yì
이익, 도움 / 총10획

간체자쓰기

'넘치다'라는 뜻을 나타내기 위해, '皿(그릇 명)'과 '水(물 수)'를 합해 만든 글자이다. 그릇에 물이 철철 흘러넘치는 모양으로, 후에 '더하다'라는 뜻으로 확대되어 사용되었다.

• 본래 뜻인 '넘치다'는 'ⅰ(물 수)'를 덧붙인 '溢(넘칠 일)'을 만들어 나타냈다.

활용어 損益(손익), 利益(이익), 權益(권익)

유의어 加(더할 가), 利(이로울 리), 增(더할 증)

반의어 損(덜 손), 落(떨어질 락)

한자 성어 多多益善(다다익선), 老當益壯(노당익장), 百害無益(백해무익), 益者三友(익자삼우), 益者三樂(익자삼요), 徒勞無益(도로무익)

丶 冫 冫 分 分 尒 谷 谷 益 益

益							

丶 丷 丷 关 关 关 并 并 益 益

益							

136

印

도장 **인**

- 부 卩(卩, 병부 절)
- 획 총6획

한자쓰기

'억누르다'라는 뜻을 나타내기 위해, '손으로 누르는 모양'과 '꿇어앉은 모습'을 뜻하는 '卩(병부 절)'을 합해 만든 글자이다. 본뜻보다는 '찍다', '도장'이라는 뜻으로 쓰이게 되었다.

• 본래 뜻인 '억누르다'는 '扌(손 수)'를 덧붙인 '抑(누를 억)'을 만들어 나타냈다.

활용어 印朱(인주), 職印(직인), 油印物(유인물)

한자 성어 心心相印(심심상인)

丶 亇 f E 印 印

印							

137

寅
범, 셋째 지지 **인**

부 宀(집 면)
획 총11획

한자쓰기

원래는 '두 손'을 뜻하는 '臼(절구 구)'에 '화살'을 뜻하는 '矢(화살 시)'를 합해, 두 손으로 화살을 받들고 있는 모습을 본뜬 글자였다. 후에 '세 번째 지지', 혹은 그에 해당하는 동물인 '호랑이(범)'를 상징하는 말로 쓰이게 되었다.

활용어　甲寅(갑인), 丙寅(병인)

丶丶宀宀宀宇宇宙宙寅寅

寅						

138

認
알(알다) **인**

부 言(말씀 언)
획 총14획

한자쓰기

간체자　认　rèn
분간하다, 인정하다 / 총4획

간체자쓰기

말을 듣고 '분간하다'라는 뜻을 나타내기 위해, 부수이자 뜻부분인 '言(말씀 언)'에 음부분인 '忍(참을 인)'을 더해 만든 글자이다. 본뜻에서 확대되어 '알다', '허락하다'라는 뜻으로 쓰이게 되었다.

활용어　認定(인정), 誤認(오인)
유의어　知(알 지)
한자 성어　自他共認(자타공인)

丶丶亠言言言言訒訒訒認認認認

認						

丶讠讠认

认						

139

壬

아홉째 천간 **임**

부 士(선비 사)
획 총4획

한자쓰기

원래는 베틀의 '북'을 본떠 만든 글자였으나, '아홉 번째 천간', 또는 그 방위에 해당하는 '북쪽'을 나타내는 말로 쓰이게 되었다.

활용어 壬辰(임진), 壬午(임오)

一 二 千 壬

壬						

140

壯

장할, 씩씩할 **장**

부 士(선비 사)
획 총7획

한자쓰기

간체자 壮 zhuàng
튼튼하다 / 총6획

간체자쓰기

'몸집이 큰 사람', '씩씩한 남자'를 나타내기 위해, 부수이자 뜻부분인 '士(선비 사)'에 음부분인 '爿(조각 장)'을 더해 만든 글자이다. 본뜻에서 확대되어 '씩씩하다', '장하다'의 뜻으로 쓰인다.

활용어 壯談(장담), 健壯(건장)
한자 성어 老益壯(노익장)

丨 丬 爿 爿 壯 壯 壯

壯						

丶 亠 爿 壮 壮 壮

壮						

① 다음 한자의 뜻과 음을 쓰세요.

(1) 曜 (　　　　　)　　(2) 容 (　　　　　)

(3) 遇 (　　　　　)　　(4) 員 (　　　　　)

(5) 圓 (　　　　　)　　(6) 危 (　　　　　)

(7) 遺 (　　　　　)　　(8) 印 (　　　　　)

② 다음 한자어의 독음을 쓰세요.

(1) 牛乳 (　　　　　)　　(2) 依存 (　　　　　)

(3) 移動 (　　　　　)　　(4) 認定 (　　　　　)

③ 다음 한자의 간체자를 보기 에서 골라 쓰세요.

보기	壮	应	异	阴	敌	灾

(1) 陰 (　　　　　)　　(2) 應 (　　　　　)

(3) 異 (　　　　　)　　(4) 壯 (　　　　　)

④ 다음 뜻을 가진 사자성어를 보기 에서 골라 그 독음을 쓰세요.

보기	因果應報	益者三友	多多益善

(1) 원인과 결과는 서로 물고 물린다는 뜻으로, 좋은 일에는 좋은 결과가 나쁜 일에는 나쁜 결과가 따름.

　────────────────────────

(2) 많으면 많을수록 더욱 좋다는 말.

　────────────────────────

UNIT 08

4급
- ## 한자 141~160
- ## 복습하기

141

適
맞을 **적**

- 부 辶(辵, 쉬엄쉬엄 갈 착)
- 획 총15획

한자쓰기

간체자 适 shì
적합하다 / 총9획

간체자쓰기

'가다'라는 뜻을 나타내기 위해, 부수이자 뜻부분인 '辶(갈 착)'에 음부분인 '啇(밑동 적)'을 더해 만든 글자이다. '가다', '알맞다'라는 뜻으로 쓰인다.

활용어 適當(적당), 最適(최적)

한자 성어 適者生存(적자생존), 適材適所(적재적소)

` ` 一 十 丬 亠 产 产 商 商 商 商 啇 滴 滴 適

適						

丿 一 干 千 舌 舌 舌 括 适

适						

142

專
오로지 **전**

- 부 寸(마디 촌)
- 획 총11획

한자쓰기

간체자 专 zhuān
전문적이다 / 총4획

간체자쓰기

손에 잡고 있는 '실패'를 나타내기 위해, '실패'를 본뜬 '叀'과 '손'을 뜻하는 '寸(又, 또 우)'를 합해 만든 글자이다. 본뜻에서 확대되어 '전문적인', '오직', '마음대로'라는 뜻으로 쓰인다.

활용어 專攻(전공), 專門家(전문가)

한자 성어 一心專念(일심전념), 一心專力(일심전력)

一 一 一 一 一 一 巾 車 車 車 重 專 專

專						

一 二 专 专

专						

한중한자어 비교

한 **專門家** 전문가 : 어떤 분야에 상당한 지식과 경험을 가진 사람.

중 **专家** zhuānjiā : 전문가

143

切

끊을 **절**, 모두 **체**

- 부 刀, 칼 도
- 획 총4획

한자쓰기

'칼로 베다'라는 뜻을 나타내기 위해, 뜻부분인 '刀(칼 도)'에 음부분인 '七(일곱 칠)'을 더해 만든 글자이다. '끊다', '자르다', '절실하다'라는 뜻으로 쓰이며, '매우', '꼭'이라는 뜻으로도 쓰인다. '온통'이라는 뜻을 나타낼 때는 [체]로 읽는다.

- **활용어** 切實(절실), 適切(적절), 一切(일체)
- **유의어** 斷(끊을 단), 絶(끊을 절)
- **한자 성어** 一切唯心造(일체유심조)

一 七 七刀 切

切						

144

絶

끊을 **절**

- 부 糸(실 사)
- 획 총12획

한자쓰기

간체자 绝 jué
끊다, 다하다 / 총9획

간체자쓰기

'끊다'라는 뜻을 나타내기 위해, '糸(실 사)', '刀(칼 도)', '꿇어앉은 사람'을 뜻하는 '卩(병부 절)'을 합해 만든 글자이다. '刀'와 '卩'은 '色(빛 색)'으로 모양이 바뀌었다. 본뜻 외에도 '뛰어나다'라는 뜻으로도 쓰인다.

- **활용어** 絶妙(절묘), 根絶(근절), 斷絶(단절)
- **유의어** 切(끊을 절), 斷(끊을 단)
- **반의어** 繼(이을 계)
- **한자 성어** 空前絶後(공전절후), 絶體絶命(절체절명), 萬古絶色(만고절색)

ㄥ ㄠ ㅁ 幺 糸 糸 糸 紀 紀 紹 紹 絶

絶						

ㄥ ㄠ ㄠ 纟 纩 绊 纩 绉 绝

绝						

145

點

점 **점**

부 黑(검을 흑)
획 총17획

한자쓰기

간체자 点 diǎn
점 / 총9획

간체자쓰기

'작고 까만 점'을 나타내기 위해, 뜻부분인 '黑(검을 흑)'에 음부분인 '占(차지할 점)'을 더해 만든 글자이다. 본뜻에서 확대되어 '점찍다', '불을 켜다', '얼룩', '방울' 등의 뜻으로 쓰인다.

활용어 **點檢**(점검), **要點**(요점)

丨 冂 冃 冃 日 甲 里 里 黑 黑 黑 黑 點 點 點 點

點							

丨 ⺊ ⺊ 占 占 占 点 点 点

点							

146

接

이을(잇다) **접**

부 扌(手, 손 수)
획 총11획

한자쓰기

'손으로 가까이 끌어당기다'라는 뜻을 나타내기 위해, 부수이자 뜻부분인 '扌(손 수)'에 음부분인 '妾(첩 첩)'을 더해 만든 글자이다. 본뜻에서 확대하여 '잇다', '맞이하다', '닿다'라는 뜻으로도 쓰인다.

활용어 **接續**(접속), **面接**(면접)
유의어 **續**(이을 속), **繼**(이을 계)
한자 성어 **皮骨相接**(피골상접)

一 十 扌 扌 扩 扩 护 护 按 接 接

接							

井

우물 정

- 부 二(두 이)
- 획 총4획

한자쓰기

'우물'을 나타내기 위해, 나무로 걸쳐 쌓아 올린 우물 난간의 모양을 본떠 만든 글자이다.

활용어 井田(정전), 井然(정연)

한자 성어 坐井觀天(좌정관천), 天井不知(천정부지)

一 二 二 井

井							

除

덜(덜다) 제

- 부 阝(阜, 언덕 부)
- 획 총10획

한자쓰기

'궁전의 섬돌'을 나타내기 위해, 뜻부분인 '阝(언덕 부)'에 음부분인 '余(나 여)'를 더해 만든 글자이다. 후에 본뜻에서 확대되어 '덜다', '나누다', '없애다'라는 뜻으로 쓰인다.

활용어 除去(제거), 除外(제외), 加減乘除(가감승제)

반의어 增(더할 증), 加(더할 가)

ナ 3 阝 阝 阝 阶 除 除 除

除							

149

절제할 **제**

부 刂(刀, 칼 도)
획 총8획

한자쓰기

뻗은 나뭇가지를 쳐서 원하는 것을 '만들다'라는 뜻을 나타내기 위해, 잔가지가 많은 나무 모양을 나타내는 '未(아닐 미)'와 '刂(칼 도)'를 합해 만든 글자이다. '만들다', '억제하다', '누르다', '정하다'라는 뜻으로 쓰인다.

> 활용어 **制度**(제도), **節制**(절제)
> 유의어 **作**(지을 작), **造**(지을 조)
> 한자 성어 **先發制人**(선발제인)

丿 亠 冖 ⺈ 与 牛 制 制

制							

150

지을(짓다) **제**

부 衣(옷 의)
획 총14획

한자쓰기

간체자 制 zhì
만들다, 제한하다 / 총8획

간체자쓰기

'옷을 만들다'라는 뜻을 나타내기 위해, 비슷한 뜻과 음을 가진 '制(만들 제)'에 뜻을 강조하는 '衣(옷 의)'를 더해 만든 글자이다. 의미가 좀 더 세분화되어 '물품을 만들다'라는 뜻으로 쓰인다.

> 활용어 **製作**(제작), **手製品**(수제품)
> 유의어 **作**(지을 작), **造**(지을 조)

丿 亠 冖 ⺈ 与 牛 制 制 制 製 製 製 製

製							

丿 亠 冖 ⺈ 与 牛 制 制

制							

兆

조, 조짐 **조**

- 부 儿(걷는 사람 인)
- 획 총6획

한자쓰기

'점치다'라는 뜻을 나타내기 위해, 거북의 껍데기에 불을 지져 갈라진 금 모양을 본떠 만든 글자이다. 본뜻에서 확대되어 '조짐', '억의 만 배'를 나타내는 단위로 쓰인다.

활용어 兆候(조후), 億兆(억조)

丿 丿 㐱 兆 兆 兆

兆							

造

지을(짓다) **조**

- 부 辶(辵, 쉬엄쉬엄 갈 착)
- 획 총11획

한자쓰기

'찾아가 알리다'라는 뜻을 나타내기 위해, '辶(갈 착)'과 '告(알릴 고)'를 합해 만든 글자이다. 본뜻에서 확대되어 '이루다', '만들다'라는 뜻으로 쓰인다.

활용어 造作(조작), 改造(개조)
유의어 作(지을 작), 製(지을 제)
한자 성어 風雲造化(풍운조화)

丿 ㇒ 牛 生 告 告 告 造 造 造 造

造							

153

尊

높을 **존**

- 부 寸(마디 촌)
- 획 총12획

한자쓰기

'높이 받들다'라는 뜻을 나타내기 위해, '묵은 술'을 뜻하는 '酋(추)'와 '받들다'라는 뜻을 나타내는 '寸(廾, 받들 공)'을 합해 만든 글자이다. '(지위나 서열이) 높다', '존중하다', '불상을 세는 단위' 등의 뜻으로 쓰인다.

활용어	尊貴(존귀), 尊敬(존경)
유의어	高(높을 고), 貴(귀할 귀)
반의어	下(아래 하)
한자 성어	尊師愛弟(존사애제)

丷 丷 丷 丷 丷 丷 尊 尊 尊 尊 尊 尊

尊							

154

宗

마루 **종**

- 부 宀(집 면)
- 획 총8획

한자쓰기

'선조의 사당(조상의 영혼을 모신 곳)'을 나타내기 위해, '죽은 사람의 위패'를 뜻하는 '示(보일 시)'와 '집'을 뜻하는 '宀(집 면)'을 합해 만든 글자이다. '으뜸', '마루(일의 근원)'라는 뜻으로 쓰인다.

| 활용어 | 宗教(종교), 宗主國(종주국) |

丶 丷 宀 宀 宀 宇 宗 宗

宗							

한중한자어 비교

한 **正統** 정통 : 바른 계통, 사물의 중심이 되는 요긴한 부분.

중 **正宗** zhèngzōng : 정통, 정통적인

155

罪

허물 **죄**

부 罒(网, 그물 망)
획 총13획

✍
한자쓰기

'새가 그물에 걸리다'라는 뜻을 나타내기 위해, '그물'을 뜻하는 '罒(그물 망)'과 '날개'를 뜻하는 '非(아닐 비)'를 합해 만든 글자이다. 본뜻으로는 쓰이지 않고, '죄'를 나타내는 말로 쓰이게 되었다.

• 본래 뜻은 '自'와 '辛'을 합한 글자가 쓰였다. 진시황이 즉위 후 자신을 '皇(임금 황)'이라 칭하면서 '허물'을 뜻하는 글자가 '皇'과 비슷하다는 이유에서 이 글자를 없애고, 발음이 비슷했던 '罪'를 대신 쓰도록 했다고 한다. * '皋'(허물 죄의 古字)

활용어 **罪惡**(죄악), **有罪**(유죄)
유의어 **罰**(죄 벌)
반의어 **功**(공 공)
한자 성어 **亡國罪人**(망국죄인), **百拜謝罪**(백배사죄)

丶 冂 冂 罒 罒 罒 罪 罪 罪 罪 罪 罪 罪

罪						

156

朱

붉을 **주**

부 木(나무 목)
획 총6획

✍
한자쓰기

본래 '나무의 심지가 붉은 나무'를 나타내기 위해, '木(나무 목)'에 몸통 부분을 가리키는 기호 '一'를 더해 만든 글자였다. 본뜻이 확대되어 '붉은색'이라는 뜻으로 쓰이게 되었다.

활용어 **印朱**(인주), **朱黃**(주황)
한자 성어 **近朱者赤**(근주자적), **朱子家禮**(주자가례)

丿 ㇏ ㇇ 牛 牛 朱

朱						

衆

무리 **중**

부 血(피 혈)
획 총12획

한자쓰기

간체자 众 zhòng

무리 / 총6획

간체자쓰기

'햇볕이 내리쬐는 아래에서 일하는 노예 무리'라는 뜻을 나타내기 위해, '태양'을 뜻하는 '血(日이 변한 모양, 피 혈)'과 '사람'을 뜻하는 '人(사람 인) 셋'을 합해 만든 글자이다. 후에 일반적인 의미의 '무리(많은 사람)'를 나타내는 말로 쓰이게 되었다.

활용어 出衆(출중), 衆生(중생)
유의어 徒(무리 도), 群(무리 군)
한자 성어 萬物之衆(만물지중)

丿 亻 𠂉 血 血 血 衆 衆 衆 衆 衆 衆

衆						

丿 人 个 伖 夵 众

众						

158

持

가질 **지**

부 扌(手, 손 수)
획 총9획

한자쓰기

'손에 쥐다'라는 뜻을 나타내기 위해, 뜻부분인 '扌(손 수)'에 음부분인 '寺(절 사/관청 시)'를 더해 만든 글자이다. 본뜻에서 확대되어 '가지다', '끝까지 버티다'라는 뜻으로 쓰인다.

활용어 持續(지속), 支持(지지)
유의어 取(가질 취)

一 十 扌 扌 扩 扩 拃 持 持

持						

159

指

손가락, 가리킬 **지**

- 부 扌(手, 손 수)
- 획 총9획

한자쓰기

'손가락'을 나타내기 위해, 뜻부분인 '扌(손 수)'에 음부분인 '旨(뜻 지)'를 더해 만든 글자이다. 본뜻에서 확대되어 '가리키다'라는 뜻으로도 쓰인다.

활용어 指定(지정), 指示(지시)

한자 성어 指呼之間(지호지간)

一 十 扌 扩 扩 指 指 指

指							

한중한자어 비교

한 **指針** 지침 : 바른 계통, 사물의 중심이 되는 요긴한 부분.

중 **指南** zhǐnán : 지침, 지도하다

160

之

갈(가다), 어조사 **지**

- 부 丿(삐침 별)
- 획 총4획

한자쓰기

본래 '가다'라는 뜻을 나타내기 위해, '止(발 지)'의 변형으로 만든 글자이다. 후에 원래의 뜻은 거의 사용되지 않고 '그것', '~의'라는 뜻을 나타내는 글자로 쓰이고있다.

한자 성어 漁父之利(어부지리), 水魚之交(수어지교), 結者解之(결자해지),
易地思之(역지사지), 知己之友(지기지우), 靑雲之志(청운지지),
他山之石(타산지석), 破竹之勢(파죽지세), 犬馬之勞(견마지로),
尾生之信(미생지신), 金石之交(금석지교), 氷炭之間(빙탄지간),
左之右之(좌지우지), 鳥足之血(조족지혈), 是非之心(시비지심),
愛之重之(애지중지), 金石之約(금석지약), 忘年之交(망년지교),
百年之客(백년지객), 先見之明(선견지명), 天地之間(천지지간),
感之德之(감지덕지), 溫故之情(온고지정), 苦肉之計(고육지계),
無用之物(무용지물), 當然之事(당연지사), 布衣之交(포의지교),
雲雨之樂(운우지락), 靑雲之士(청운지사), 十年之計(십년지계),
人之常情(인지상정), 百年之計(백년지계), 存亡之秋(존망지추)

丶 亠 ㇋ 之

之							

1 다음 한자의 뜻과 음을 쓰세요.

(1) 切 (   )   (2) 衆 (   )

(3) 持 (   )   (4) 除 (   )

(5) 制 (   )   (6) 尊 (   )

(7) 宗 (   )   (8) 罪 (   )

2 다음 한자어의 독음을 쓰세요.

(1) 適當 (   )   (2) 除外 (   )

(3) 製作 (   )   (4) 改造 (   )

3 다음 한자의 간체자를 보기 에서 골라 쓰세요.

보기	绝	点	专	适	叶	伟

(1) 適 (   )   (2) 專 (   )

(3) 絕 (   )   (4) 點 (   )

4 다음 뜻을 가진 사자성어를 보기 에서 골라 그 독음을 쓰세요.

보기	氷炭之間	近朱者赤	坐井觀天

(1) 우물 속에 앉아서 하늘을 본다는 뜻으로, 사람의 견문이 매우 좁음을 이르는 말.

     _____

(2) 붉은빛에 가까이 하면 반드시 붉게 된다는 뜻으로, 주위 환경이 중요하다는 것을 이르는 말.

     _____

UNIT 09

4급
- 한자 161~180
- 복습하기

161

職
직분, 맡을 **직**

부 耳(귀 이)
획 총18획

한자쓰기

간체자 职 *zhí*
직무 / 총11획

간체자쓰기

'잘 알아듣다'라는 뜻을 나타내기 위해, 부수이자 뜻부분인 '耳(귀 이)'에 음부분인 '戠(찰흙 시)'를 더해 만든 글자이다. 본뜻에서 확대되어 '일', '맡다'라는 뜻으로 쓰인다.

활용어 **職分**(직분), **退職**(퇴직)
한자 성어 **賣官賣職**(매관매직)

一 丁 丁 耳 耳 耳 耶 耶 耶 耶 耶 耶 耶 耶 職 職 職

職						

一 丁 丁 耳 耳 耳 职 职 职 职 职

职						

162

辰
용, 다섯째 지지 **진**
때 **신**

부 辰(별 진)
획 총7획

한자쓰기

'대합조개'의 모양을 본떠 만든 글자이다. 본뜻으로는 쓰이지 않고, '때', '날'을 나타내는 글자로 쓰이게 되었다. '다섯 번째 지지' 또는 그에 해당하는 동물인 '용'을 나타낼 때도 쓰이는데, 이때는 [진]으로 읽는다.

활용어 **生辰**(생신), **辰宿**(진수)
한자 성어 **日月星辰**(일월성신)

一 厂 厂 戸 戸 辰 辰 辰

辰						

着
붙을 **착**

부 羊(양 양)
획 총12획

한자쓰기

간체자

着
zhuó
zháo
zhe
입다, 닿다, ~하고 있다 / 총11획

간체자쓰기

'입다', '붙다'라는 뜻으로 쓰인다. '뚜렷하다'라는 뜻인 '著(나타날 저)'
의 속자로도 쓰인다.

활용어 **着陸**(착륙), **着想**(착상), **到着**(도착)
유의어 **到**(이를 도)
반의어 **發**(떠날 발)

` 丷 ﾄ ﾄ ｿ 半 羊 羊 着 着 着 着

着							

` 丷 ﾄ ﾄ ｿ 羊 羊 着 着 着 着

着							

察
살필 **찰**

부 宀(집 면)
획 총14획

한자쓰기

'살피다'라는 뜻을 나타내기 위해, '宀(집 면)'과 '祭(제사 제)'를 합해
만든 글자이다. '살피다'라는 뜻으로 쓰인다.

활용어 **觀察**(관찰), **警察**(경찰)
유의어 **檢**(검사할 검), **查**(조사할 사), **監**(볼 감), **觀**(볼 관), **省**(살필 성)

` 丶 宀 宀 宁 癶 癶 癶 ᅜ ᅜ ᅜ ᅜ 察 察

察							

165

唱

부를 창

부 口(입 구)
획 총11획

✦ 한자쓰기

'이끌다'라는 뜻을 나타내기 위해, 뜻부분인 '口(입 구)'에 음부분인 '昌(창성할 창)'을 합해 만든 글자이다. 본뜻에서 확대되어 '(노래) 부르다'라는 뜻으로 많이 쓰인다.

활용어 唱歌(창가), 合唱(합창)
유의어 呼(부를 호)
한자 성어 萬古絶唱(만고절창), 復命復唱(복명복창)

丨 丨 口 口 叩 吧 吧 咀 唱 唱 唱

唱							

166

創

비롯할 창

부 刂(刀, 칼 도)
획 총12획

✦ 한자쓰기

간체자
创
chuàng
chuāng
시작하다, 상처 / 총6획

✦ 간체자쓰기

'(칼에 다친) 상처'를 나타내기 위해, 뜻부분인 '刂(刀, 칼 도)'에 음부분인 '倉(곳집 창)'을 합해 만든 글자이다. '처음(으로)', '시작하다'라는 뜻으로 많이 쓰인다.

활용어 創造(창조), 獨創的(독창적)
유의어 始(처음 시)
한자 성어 創業守城(창업수성)

丿 丿 人 ケ 今 今 今 今 倉 倉 倉 創

創							

丿 人 今 仓 仓 创

创							

167

聽
들을 청
부 耳(귀 이)
획 총22획

한자쓰기

간체자 听 tīng
듣다 / 총7획

간체자쓰기

'듣다'라는 뜻을 나타내기 위해, '耳(귀 이)'와 '口(입 구)'를 합해 만든 글자였다. 후에 '똑바른 마음'이라는 뜻을 강조하기 위해 '悳(덕 덕)'을 덧붙였다.

활용어 **聽衆**(청중), **視聽**(시청), **聽聞會**(청문회)
유의어 **聞**(들을 문)

一 丁 于 王 耳 耳 耵 耵 耵 耵 耵 耵 聆 聆 聆 聆 聽 聽 聽 聽

聽							

丶 丨 卩 叮 叮 听 听

听							

168

請
청할 청
부 言(말씀 언)
획 총15획

한자쓰기

간체자 请 qǐng
요청하다 / 총10획

간체자쓰기

'(말로) 부탁하다'라는 뜻을 나타내기 위해, 뜻부분인 '言(말씀 언)'에 음부분인 '青(푸를 청)'을 합해 만든 글자이다. 본뜻에서 확대되어 '요청하다', '초청하다'라는 뜻으로 쓰인다.

활용어 **請求**(청구), **要請**(요청), **申請**(신청)

丶 一 亠 言 言 言 言 訁 請 請 請 請 請 請 請

請						

丶 讠 讠 讠 讠 请 请 请 请 请

请						

169

丑

소, 둘째 지지 **축**

- 부 一(한 일)
- 획 총4획

한자쓰기

'손톱'이라는 뜻을 나타내기 위해, 손가락과 손톱 모양을 본떠 만든 글자이다. 후에 '두 번째 지지', 혹은 그에 해당하는 동물인 '소'를 나타내는 말로 더 자주 사용되었다.

- 본래 뜻인 '손톱'은 '爪(손톱 조)'를 만들어 나타냈다.
- 중국어에서는 '丑'는 '醜(추할 추)'의 간체자로도 쓰인다.

활용어 癸丑(계축), 乙丑(을축)

ㄱ ㄲ 尹 丑

丑							

170

取

가질 **취**

- 부 又(또 우)
- 획 총8획

한자쓰기

'빼앗아 가지다'라는 뜻을 나타내기 위해, '귀'를 뜻하는 '耳(귀 이)'와 '손에 쥐다'를 뜻하는 '又(또 우)'를 합해 만든 글자이다. 본뜻에서 확대되어 '얻다'라는 뜻으로도 쓰인다.

활용어 取得(취득), 爭取(쟁취)
유의어 持(가질 지)
한자 성어 百無一取(백무일취)

一 T T F F 耳 取 取

取							

171

治
다스릴 **치**

- 부 氵(水, 물 수)
- 획 총8획

한자쓰기

중국 산동성에 있는 강 이름을 나타내기 위해, 뜻부분인 '氵(물 수)'에 음부분인 '台(별이름 태/기쁠 이)'를 더해 만든 글자이다. 본래 뜻보다는 '다스리다'라는 뜻으로 쓰인다.

활용어 政治(정치), 完治(완치)
유의어 理(다스릴 리), 經(지날 경)
한자 성어 以熱治熱(이열치열), 萬病通治(만병통치), 修己治人(수기치인)

丶 丶 氵 氵 沪 沪 治 治 治

治							

172

針
바늘 **침**

- 부 金(쇠 금)
- 획 총10획

한자쓰기

간체자 针 zhēn
바늘 / 총7획

간체자쓰기

'바늘'이라는 뜻을 나타내기 위해, 부수이자 뜻부분인 '金(쇠 금)'에 음부분인 '十(열 십)'을 합해 만든 글자이다.

• 한국어에서는 '針'은 바느질용 바늘을, '鍼(침 침)'은 의료용 침으로 구분하여 쓴다. 그러나 중국어에서는 '针'으로 통용하여 쓴다.

활용어 針線(침선), 針葉樹(침엽수), 指針(지침)
한자 성어 一針(일침)

丿 丿 乀 乍 乍 车 车 金 金 針

針							

丿 丿 乀 乍 钅 针

针							

173

快

쾌할, 빠를 **쾌**

부 忄(心, 마음 심)
획 총7획

한자쓰기

'기쁘다'라는 뜻을 나타내기 위해, 뜻부분인 '마음 심'(忄)에 음부분인 '夬(터놓을 쾌)'를 더해 만든 글자이다. 본뜻에서 확대되어 '시원하다', '(속도가)빠르다'라는 뜻으로 쓰인다.

활용어 快樂(쾌락), 輕快(경쾌)

丶 丶 忄 忄 忴 快 快

快						

174

炭

숯 **탄**

부 火, 불 화
획 총9획

한자쓰기

'숯'이라는 뜻을 나타내기 위해, '山(메 산)'과 '厂(언덕 엄)', '火(불 화)'를 합해 만든 글자이다. '숯'을 만들 수 있는 공간과 도구를 표현했다.

활용어 炭素(탄소), 石炭(석탄)
한자 성어 氷炭之間(빙탄지간)

丶 屵 屵 屵 屵 屵 岸 炭 炭

炭						

175

脫

벗을 **탈**

- 부 月(肉, 고기 육)
- 획 총11획

한자쓰기

'살에서 뼈를 발라내다'라는 뜻을 나타내기 위해, 부수이자 뜻부분인 '月(고기 육)'에 음부분인 '兌(바꿀 태)'를 더해 만든 글자이다. 본뜻에서 확대되어 '벗다', '빠지다', '벗어나다'라는 뜻으로 쓰이게 되었다.

활용어 脫出(탈출), 虛脫(허탈)

한자 성어 足脫不及(족탈불급), 無相解脫(무상해탈)

） 几 月 月 旷 旷 旷 胪 胪 脫 脫

脫							

176

探

찾을 **탐**

- 부 扌(手, 손 수)
- 획 총11획

한자쓰기

'찾다'라는 뜻을 나타내기 위해, 뜻부분인 '扌(손 수)'에 음부분인 '罙(점점 미)'를 더해 만든 글자이다. '더듬어 찾다', '깊이 연구하다' 등의 뜻으로 쓰인다.

활용어 探究(탐구), 探査(탐사)

유의어 訪(찾을 방)

一 十 扌 扌 扩 扩 押 挥 探 探

探							

177

討
칠(치다) **토**

- 부 言(말씀 언)
- 획 총10획

한자쓰기

간체자 **讨** tǎo
정벌하다, 토론하다 / 총5획

간체자쓰기

'잘못을 따지다'라는 뜻을 나타내기 위해, '言(말씀 언)'과 '寸(마디 촌)'을 합해 만든 글자이다. 본뜻에서 확대되어 '논의하다', '치다'라는 뜻으로 쓰인다.

- 활용어 討伐(토벌), 聲討(성토)
- 유의어 伐(칠 벌), 打(칠 타)

丶 一 亠 ㇐ 言 言 言 言 訂 討

討							

丶 讠 讠 计 讨

讨							

178

破
깨뜨릴 **파**

- 부 石(돌 석)
- 획 총10획

한자쓰기

'(돌을) 깨뜨리다'라는 뜻을 나타내기 위해, 뜻부분인 '石(돌 석)'에 음부분인 '皮(가죽 피)'를 더해 만든 글자이다. 본뜻에서 확대되어 '사물이 깨지다', '찢어지다'라는 뜻으로 쓰인다.

- 활용어 破格(파격), 看破(간파)
- 한자 성어 破竹之勢(파죽지세), 破器相接(파기상접)

一 ㇇ 丆 石 石 矿 砑 砏 破 破

破							

板

넌빤지 **판**

부 木(나무 목)
획 총8획

한자쓰기

'널빤지'라는 뜻을 나타내기 위해, 뜻부분인 '木(나무 목)'에 음부분인 '反(돌이킬 반)'을 합해 만든 글자이다.

활용어 **板門店**(판문점), **甲板**(갑판), **看板**(간판)
한자 성어 **如印一板**(여인일판)

一 十 才 木 木 柸 板 板

板							

判

판단할 **판**

부 刂(刀, 칼 도)
획 총7획

한자쓰기

'가르다'라는 뜻을 나타내기 위해, '刂(칼 도)'와 '半(절반 반)'을 합해 만든 글자이다. 본뜻에서 확대되어 '판가름하다'라는 뜻으로 더 많이 쓰인다.

활용어 **判斷**(판단), **判決**(판결)
유의어 **決**(결단할 결)
한자 성어 **身言書判**(신언서판), **理判事判**(이판사판)

丶 丷 亠 半 半 判 判

判							

1 다음 한자의 뜻과 음을 쓰세요.

(1) 辰 (   )   (2) 察 (   )

(3) 唱 (   )   (4) 丑 (   )

(5) 治 (   )   (6) 探 (   )

(7) 討 (   )   (8) 破 (   )

2 다음 한자어의 독음을 쓰세요.

(1) 着陸 (   )   (2) 取得 (   )

(3) 石炭 (   )   (4) 脫出 (   )

3 다음 한자의 간체자를 보기 에서 골라 쓰세요.

보기	针	创	职	听	热	种

(1) 職 (   )   (2) 創 (   )

(3) 聽 (   )   (4) 針 (   )

4 다음 뜻을 가진 사자성어를 보기 에서 골라 그 독음을 쓰세요.

보기	破竹之勢	身言書判	修己治人

(1) 자신의 몸과 마음을 닦은 후에 남을 다스림.

  ✍ _____

(2) 대를 쪼개는 기세라는 뜻으로, 적을 거침없이 물리치고 쳐들어가는 기세를 이르는 말.

  ✍ _____

UNIT 10

4급
- 한자 181~200
- 복습하기

181

閉

닫을 **폐**

부 門(문 문)
획 총11획

한자쓰기

간체자 闭 bì
닫다 / 총6획

간체자쓰기

'문을 닫다'라는 뜻을 나타내기 위해, '대문'을 뜻하는 '門(문 문)'과 빗장 모양을 본뜬 '才(재주 재)'를 합해 만든 글자이다.

활용어 閉業(폐업), 開閉(개폐)
반의어 開(열 개)

丨 丨 丨 丬 丬' 門 門 門 閂 閉 閉

閉							

丶 亠 门 闩 闭 闭

闭							

182

布

베, 펼(펴다) **포**

부 巾(수건 건)
획 총5획

한자쓰기

'베'를 나타내기 위해, 뜻부분인 '巾(수건 건)'에 음부분인 '父(아비 부)'를 합해 만든 글자이다. 후에 '널리 알리다'라는 뜻을 나타내기 위한 글자로 쓰이게 되었다.

활용어 布木(포목), 布帶(포대), 布教(포교), 分布(분포)
한자 성어 布衣之交(포의지교)

丿 ナ 才 右 布

布							

暴

사나울 **폭, 포**

- 부 日(날 일)
- 획 총15획

한자쓰기

'젖은 것을 말리다'라는 뜻을 나타내기 위해, '日(해 일)'과 '出(나갈 출)', '廾(받들 공)', '米(쌀 미)'를 합해 만든 글자이다. 후에 '사납다'라는 뜻을 나타낼 때 주로 사용하게 되었다. '사납다'라는 뜻은 [폭]으로 읽어야 하지만, [포]로 읽는 경우도 많다.

• 본래 뜻인 '햇볕에 벼를 내어 말리다'는 '日(해 일)'을 덧붙인 '曝(쬘 폭)'으로 만들어 나타냈다.

활용어 暴言(폭언), 暴惡(포악)

한자 성어 暴飮暴食(폭음폭식)

丶 冂 冂 日 旦 早 昺 昻 昻 暴 暴 暴 暴 暴 暴

暴							

包

쌀(싸다) **포**

- 부 勹(쌀 포)
- 획 총5획

한자쓰기

'태아를 감싸고 있는 막'이라는 뜻을 나타내기 위해, '태아'를 나타내는 '巳'와 '勹(쌀 포)'를 더해 만든 글자이다. 본뜻에서 확대되어 '싸다', '감싸다'라는 뜻으로 주로 쓰이게 되었다.

• 본래 뜻인 '태보'는 月(고기 육)'을 덧붙인 '胞(태보 포)'로 만들어 나타냈다.

활용어 包容(포용), 內包(내포)

丿 勹 勹 勾 包

包							

票

표, 쪽지 **표**

(부) 示(보일 시)
(획) 총11획

한자쓰기

본래 '불똥'을 나타내기 위해, '示(火, 불 화의 변형)'에, 쪽지를 들고 불에 태우는 모습을 본뜬 나머지 부분을 합해 만든 글자이다. 후에 '쪽지'라는 뜻으로만 쓰이게 되었다.

• 본래 뜻인 '불똥'은 '火(불 화)'를 덧붙인 '熛(불똥 표)'로 만들어 나타냈다.

활용어 票決(표결), 改票(개표)

一 一 一 一 両 両 西 西 覀 覀 票 票

票							

亥

돼지, 열두째 지지 **해**

(부) 亠(머리 부분 두)
(획) 총6획

한자쓰기

본래는 풀뿌리 모양을 본떠 만든 글자였다. 후에는 '열두 번째 지지', 혹은 그에 해당하는 동물인 '돼지'를 나타낼 때 주로 쓰이게 되었다.

• 본래 뜻인 '풀뿌리'는 '艹(풀 초)'를 덧붙인 '荄(풀뿌리 해)'로 만들어 나타냈다.

활용어 辛亥革命(신해혁명), 癸亥反正(계해반정)

丶 一 亠 亓 亥 亥

亥							

187

解

풀(풀다) **해**

- 부 角(뿔 각)
- 획 총13획

한자쓰기

원래는 '소의 뿔을 해체하다'라는 뜻을 나타내기 위해, '牛(소 우)'와 '角(뿔 각)', '손'을 나타내는 '刀(又, 또 우의 변형)'를 합해 만든 글자이다. '가르다'라는 뜻에서 확대되어, '풀다'라는 뜻으로 쓰인다.

- 활용어 **解說**(해설), **見解**(견해)
- 유의어 **放**(놓을 방), **散**(흩을 산)
- 한자 성어 **結者解之**(결자해지), **瓦解**(와해)

丿 勹 尹 甪 甪 甪 角 角 甪 甪 甪 甪 解 解 解 解 解

解						

188

鄕

시골 **향**

- 부 阝(邑, 고을 읍)
- 획 총13획

한자쓰기

간체자	乡 xiāng
	시골, 고향 / 총3획

간체자쓰기

'잔치'라는 뜻을 나타내기 위해, 밥상을 마주하고 앉아 있는 두 사람의 모습을 본뜬 것이다. 후에 '시골'을 나타내는 말로 주로 쓰이게 되었다.

· 본래 뜻인 '잔치'는 '食(먹을 식)'을 덧붙인 '饗(잔치 향)'으로 만들어 나타냈다.

- 활용어 **鄕村**(향촌), **歸鄕**(귀향), **京鄕**(경향), **理想鄕**(이상향)
- 유의어 **村**(마을 촌)
- 반의어 **京**(서울 경)
- 한자 성어 **萬里他鄕**(만리타향)

丿 纟 纟 纟 纟 纟 纟 纟 纟 鈄 鈄 鈄 鄕

鄕						

丿 纟 乡

乡						

189

虛
빌(비다) **허**

부 虍(범 호)
획 총12획

한자쓰기

간체자
虚 xū
비우다 / 총11획

간체자쓰기

'큰 언덕'을 나타내기 위해, 뜻부분인 '丘(언덕 구)'에 음부분인 '虍(범의 무늬 호)'를 더해 만든 글자이다. 본뜻에서 확대되어 '텅 비다', '헛되다'라는 뜻으로 쓰인다.

활용어 虛空(허공), 虛弱(허약), 虛實(허실)
유의어 空(빌 공), 無(없을 무)
반의어 實(열매 실)
한자 성어 虛送歲月(허송세월), 虛虛實實(허허실실), 名不虛傳(명불허전)

丨 卜 ⺊ 广 庐 虍 虍 虚 虚 虚 虚 虛

虛							

丨 卜 ⺊ 广 庐 虍 虍 虚 虚 虚 虚

虚							

190

驗
시험 **험**

부 馬(말 마)
획 총23획

한자쓰기

간체자
验 yàn
검증하다 / 총10획

간체자쓰기

'말'의 한 종류를 나타내기 위해, 뜻부분인 '馬(말 마)'에 음부분인 '僉(다 첨)'을 합해 만든 글자이다. 후에 '겪다', '효과'라는 뜻으로도 쓰였으며, 다시 '시험하다'라는 뜻으로 확대되어 쓰이게 되었다.

활용어 實驗(실험), 試驗(시험), 受驗生(수험생)
유의어 試(시험할 시)

丨 ㄷ ㄸ ㅌ ㅌ 馬 馬 馬 馬 馬 馬 馬' 馹 馹 驗 驗 驗 驗 驗 驗 驗 驗 驗

驗							

丁 马 马 马' 马ㅅ 验 验 验 验 验

验							

191

賢

어질 **현**

부 貝(조개 패)
획 총15획

한자쓰기

간체자

贤 xián

현명하다 / 총8획

간체자쓰기

'돈이 많다'라는 뜻을 나타내기 위해, 뜻부분인 '貝(조개 패)'에 음부분인 '臤(어질 현/굳을 간)'을 합해 만든 글자이다. 본뜻에서 확대되어 '어질다'라는 뜻으로 쓰인다.

활용어 **賢明**(현명), **聖賢**(성현)
유의어 **良**(좋을 량)
한자 성어 **竹林七賢**(죽림칠현)

一 丆 丂 丂 丂 臣 臤 臤 臤 臤 腎 腎 腎 腎 賢 賢

賢						

丨 刂 刂⁊ 刂又 刂又 肾 贤 贤

贤						

192

協

도울 **협**

부 十(열 십)
획 총8획

한자쓰기

간체자

协 xié

합하다, 협조하다 / 총6획

간체자쓰기

'(힘을) 합치다'라는 뜻을 나타내기 위해, '力(힘 력)'과 '많다'라는 뜻을 나타내는 '十(열 십)'을 합해 만든 글자이다. 본뜻에서 확대되어 '돕다', '합하다'라는 뜻으로 쓰인다.

활용어 **協同**(협동), **協助**(협조)
유의어 **和**(화할 화), **助**(도울 조)
한자 성어 **不協和音**(불협화음),

一 十 忄 忄⁊ 协 協 協 協

協						

一 十 力 协 协 协

协						

193	

呼

부를, 숨 내쉴 **호**

- 부 口(입 구)
- 획 총8획

한자쓰기

'날숨'을 나타내기 위해, 뜻부분인 '口(입 구)'에 음부분인 '乎(어조사 호)'를 더해 만든 글자이다. 후에 본뜻에서 확대되어 '부르다', '부르짖다'라는 뜻으로 쓰인다.

활용어 呼名(호명), 呼應(호응), 點呼(점호)
유의어 唱(부를 창)
반의어 應(응할 응)
한자 성어 指呼之間(지호지간)

丿 亻 口 叮 叮 叮 呼 呼

呼							

194	

貨

재물, 재화 **화**

- 부 貝(조개 패)
- 획 총11획

한자쓰기

간체자 货 huò
돈, 물품 / 총8획

간체자쓰기

'재물'을 나타내기 위해, 뜻부분인 '貝(조개 패)'에 음부분인 '化(될 화)'를 더해 만든 글자이다. 후에 일반적인 '물품'이나 '돈'이라는 뜻으로 쓰인다.

활용어 貨物(화물), 財貨(재화)
유의어 財(재물 재)

丿 亻 亻 化 化 伥 伥 旹 旹 貨 貨

貨							

丿 亻 亻 化 化 伥 货 货

货							

195

華
빛날 **화**

부 艹(艸, 풀 초)
획 총12획

한자쓰기

간체자 华 huá
광채, 찬란하다 / 총6획

간체자쓰기

'가지마다 만개한 꽃'을 본떠 만든 글자로, 여기에 '艹(풀 초)'를 덧붙여 뜻을 강조하였다. 후에 본뜻에서 확대되어 '빛나다'라는 뜻으로 많이 쓰이게 되었다. 그 외에도 '華'는 '중국', '중국어'를 상징하여 그와 관련된 단어에도 쓰인다.

활용어 華甲(화갑), 華商(화상)
한자 성어 富貴榮華(부귀영화), 散華(산화)

一 十 艹 艹 艹 苎 苎 莩 莩 莕 莕 華

華						

丿 亻 亻 化 华 华

华						

196

效
본받을 **효**

부 攵(攴, 칠 복)
획 총10획

한자쓰기

'본뜨다'라는 뜻을 나타내기 위해, '交(사귈 교, 또는 矢, 화살 시)'와 '攵(칠 복)'을 합해 만든 글자이다. 즉 화살촉을 달구어 망치로 쳐서 똑같이 만든다는 뜻이다. 본뜻에서 확대되어 '본받다', '보람'이란 뜻으로도 쓰이게 되었다.

활용어 效果(효과), 發效(발효)
한자 성어 百藥無效(백약무효)

丶 亠 宀 宀 亥 交 交 효 效 效 效

效						

197

候
물을 **후**

부 亻(人, 사람 인)
획 총10획

한자쓰기

'(남의 동정) 살피다'라는 뜻을 나타내기 위해, 뜻부분인 '亻(사람 인)'에 음부분인 '侯(제후 후)'를 더해 만든 글자이다. 본뜻에서 확대되어 '기후', '조짐', '기다리다'라는 뜻으로 쓰이게 되었다.

활용어 **氣候**(기후), **問候**(문후)
한자 성어 **全天候**(전천후)

丿 亻 亻 仂 伫 倐 倐 倏 候 候

候							

한중한자어 비교

한 **氣候** 기후 : 기온, 비, 눈, 바람 따위의 대기(大氣) 상태.

중 **气候** qìhòu : 날씨, 동향

198

吸
마실, 숨 들이쉴 **흡**

부 口(입 구)
획 총7획

한자쓰기

'들이키는 숨'을 나타내기 위해, 뜻부분인 '口(입 구)'에 음부분인 '及(미칠 급)'을 합해 만든 글자이다. 본뜻에서 확대되어 '(빨아) 마시다'라는 뜻으로도 쓰이게 되었다.

활용어 **吸收**(흡수), **呼吸**(호흡)
유의어 **飮**(마실 음)
반의어 **呼**(부를/숨 내쉴 호)
한자 성어 **呼吸器**(호흡기)

丨 冂 口 叮 吖 吸 吸

吸							

199

興

일(일어나다) **흥**

- 부 臼(절구 구)
- 획 총16획

한자쓰기

간체자 兴 xìng, xīng

흥미, 흥성하다 / 총6획

간체자쓰기

'힘을 합치다'라는 뜻을 나타내기 위해, 농기구의 일종을 나타낸 '同(한가지 동)'과 그것을 쥐고 있는 네 사람의 손을 본뜬 '舁(마주들 여)'를 합해 만든 글자이다. 본뜻에서 확대되어 '일어나다', '흥겹다'라는 뜻으로 쓰이게 되었다.

활용어 興行(흥행), 興味(흥미)
유의어 起(일어날 기)
반의어 亡(망할 망), 敗(패할 패)
한자 성어 興仁之門(흥인지문)

丿 丨 仁 仨 臼 臼 钔 钔 铟 铟 铟 铟 銏 興 興 興

興						

丶 丷 丷 业 兴 兴

兴						

200

希

바랄(바라다) **희**

- 부 巾(수건 건)
- 획 총7획

한자쓰기

'성기다'라는 뜻을 나타내기 위해, '巾(수건 건)'과 '爻(엇갈릴 효)'를 합해 만든 글자이다. 본뜻에서 확대되어 '드물다'라는 뜻으로 쓰이게 되었으며, 여기서 또 확대되어 '바라다'라는 뜻으로도 쓰이게 되었다.

활용어 希望(희망), 希求(희구)
유의어 望(바랄 망), 願(원할 원)

丿 乂 乄 圶 耂 耂 希

希						

복습하기 10

1 다음 한자의 뜻과 음을 쓰세요.

(1) 布 (   )   (2) 包 (   )

(3) 票 (   )   (4) 亥 (   )

(5) 賢 (   )   (6) 呼 (   )

(7) 貨 (   )   (8) 候 (   )

2 다음 한자어의 독음을 쓰세요.

(1) 暴惡 (   )   (2) 解說 (   )

(3) 試驗 (   )   (4) 效果 (   )

3 다음 한자의 간체자를 보기에서 골라 쓰세요.

보기	乡	闭	华	协	关	齿

(1) 閉 (   )   (2) 鄕 (   )

(3) 協 (   )   (4) 華 (   )

4 다음 뜻을 가진 사자성어를 보기에서 골라 그 독음을 쓰세요.

보기	不協和音	百藥無效	虛虛實實

(1) 둘 이상의 음이 동시에 날 때, 서로 어울리지 아니하여 불안정한 느낌을 주는 음.

(2) 좋다는 약을 다 써도 병이 낫지 않음. 온갖 약이 다 효험이 없음.

복습하기 01

①
(1) 거짓, 빌릴 가
(2) 내릴 강, 항복할 항
(3) 편안할 강
(4) 살 거
(5) 검소할 검
(6) 깨끗할 결
(7) 고칠 경, 다시 갱
(8) 지경 경

②
(1) 상가 (2) 갑부
(3) 건강 (4) 경과

③
(1) 讲 (2) 检
(3) 洁 (4) 庆

④
(1) 거안사위
(2) 우이독경

복습하기 02

①
(1) 이을 계
(2) 골(골짜기) 곡
(3) 궁구할(연구할) 구
(4) 글귀 구
(5) 무리 군
(6) 고를, 평평할 균
(7) 일어날 기
(8) 따뜻할 난

②
(1) 완납 (2) 고난
(3) 기타 (4) 문구

③
(1) 库 (2) 归
(3) 权 (4) 难

④
(1) 기사회생
(2) 중구난방

복습하기 03

①
(1) 바를, 끝 단
(2) 무리, 걸을 도
(3) 간략할, 꾀 략
(4) 벌일 렬
(5) 얻을 득
(6) 논할 론
(7) 없을 막
(8) 찰(가득 차다) 만

②
(1) 윤리 (2) 강렬
(3) 도보 (4) 발단

③
(1) 坛 (2) 队
(3) 灯 (4) 录

④
(1) 단도직입
(2) 등하불명

복습하기 04

①
(1) 힘쓸 무
(2) 빽빽할 밀
(3) 밥 반
(4) 막을 방
(5) 방 방
(6) 찾을 방
(7) 지킬 보
(8) 엎드릴 복

②
(1) 불경 (2) 보물
(3) 방지 (4) 묘기

③
(1) 务 (2) 访
(3) 宝 (4) 飞

④
(1) 신상필벌
(2) 복지부동

복습하기 05

①
(1) 실 사
(2) 절 사
(3) 흩을 산
(4) 죽일 살, 감할 쇄
(5) 모양 상, 문서 장
(6) 생각 상
(7) 세금 세
(8) 웃음 소

②
(1) 풍속 (2) 소질
(3) 성량 (4) 해산

③
(1) 丝 (2) 杀
(3) 状 (4) 声

④
(1) 살신성인
(2) 촌철살인

복습하기 06

①
(1) 닦을 수
(2) 받을 수
(3) 줄(주다) 수
(4) 개, 열한째 지지 술
(5) 주울 습
(6) 이을 승
(7) 숨쉴 식
(8) 거스를 역

②
(1) 순진 (2) 지식
(3) 영광 (4) 동요

③
(1) 与 (2) 烟
(3) 营 (4) 艺

④
(1) 충언역이
(2) 강호연파

복습하기 07

❶
(1) 빛날 요
(2) 얼굴 용
(3) 만날 우
(4) 인원 원
(5) 둥글 원
(6) 위태할 위
(7) 남길 유
(8) 도장 인

❷
(1) 우유   (2) 의존
(3) 이동   (4) 인정

❸
(1) 陰   (2) 应
(3) 舁   (4) 壯

❹
(1) 인과응보
(2) 다다익선

복습하기 08

❶
(1) 끊을 절, 모두 체
(2) 무리 중
(3) 가질 지
(4) 덜(덜다) 제
(5) 절제할 제
(6) 높을 존
(7) 마루 종
(8) 허물 죄

❷
(1) 적당   (2) 제외
(3) 제작   (4) 개조

❸
(1) 适   (2) 专
(3) 绝   (4) 点

❹
(1) 좌정관천
(2) 근주자적

복습하기 09

❶
(1) 다섯째 지지, 별 진/때 신
(2) 살필 찰
(3) 부를 창
(4) 소, 둘째 지지 축
(5) 다스릴 치
(6) 찾을 탐
(7) 칠(치다) 토
(8) 깨뜨릴 파

❷
(1) 착륙   (2) 취득
(3) 석탄   (4) 탈출

❸
(1) 职   (2) 创
(3) 听   (4) 针

❹
(1) 수기치인
(2) 파죽지세

복습하기 10

❶
(1) 베, 펼(펴다) 포
(2) 쌀(싸다) 포
(3) 표, 쪽지 표
(4) 돼지, 열두째 지지 해
(5) 어질 현
(6) 부를, 숨 내쉴 호
(7) 재물, 재화 화
(8) 물을 후

❷
(1) 포악   (2) 해설
(3) 시험   (4) 효과

❸
(1) 闭   (2) 乡
(3) 协   (4) 华

❹
(1) 불협화음
(2) 백약무효

간지(干支) – 천간(天干)과 지지(地支)

간지(干支)는 육십갑자(六十甲子)의 위[天干]와 아래[地支] 단위를 이루는 요소로, 일반적으로 '천간지지(天干地支)'를 줄여 부르는 말입니다.

천간(天干): 하늘의 수 10

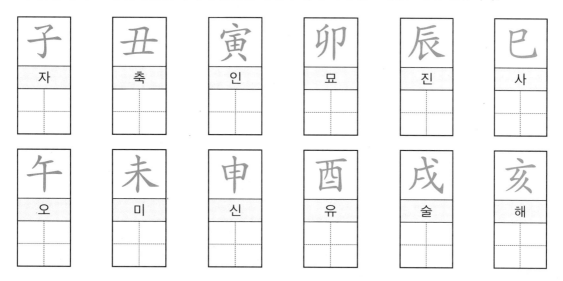

甲	乙	丙	丁	戊	己	庚	辛	壬	癸
갑	을	병	정	무	기	경	신	임	계

지지(地支): 땅의 수 12

지지(地支)의 12개 글자들은 각각 동물들을 상징하며, 우리가 알고 있는 '띠'를 말합니다.

子	丑	寅	卯	辰	巳
자	축	인	묘	진	사

午	未	申	酉	戌	亥
오	미	신	유	술	해

아주 오랜 옛날부터 우리나라와 중국에서는 그 글자의 의미가 무엇을 나타냈는지는 알 수 없지만 천간(天干)과 地支(지지)를 결합한 육십갑자(六十甲子)를 이용해 연도(年度)를 나타냈습니다. '육십갑자'는 십천간(十天干)과 십이지지(十二地支)를 조합하여 '갑자(甲子), 을축(乙丑), 병인(丙寅)…'으로 이어지는 60년 단위의 명칭을 가리킵니다. 그래서 '회갑(回甲)'이란 60갑자를 다 돌아 처음의 간지(干支)로 되돌아가는 첫 해, 즉 61세를 뜻합니다.

그리고 우리가 알고 있는 임진왜란(壬辰倭亂)은 임진년(壬辰年, 1592년)에 왜[일본]가 쳐들어 온 난리를, 병인양요(丙寅洋擾)는 병인년(丙寅年, 1866년)에 프랑스 함대[서양]가 강화도를 침범한 사건을 말합니다.

HNK 4급

汉字能力考试

HNK 4급

부록

HNK 4급 배정한자 850

※ 상위등급 한자는 하위등급 한자를 모두 포함합니다.

※ '( )'는 한자의 뜻을 이해하기 쉽도록 풀어 쓴 표현입니다.

※ 배정 간체자는 중국에서 공표한 「간화자 총표」를 기준으로 선정하였습니다.

　단, 한국과 중국의 표기 방식이 다른 한자는 효율적인 중국어 학습을 위하여 병기하였습니다.

급수	한자	간체자	훈음	급수	한자	간체자	훈음
6급	家		집 가	4II급	改		고칠 개
6급	歌		노래 가	5급	客		손 객
5급	加		더할 가	6급	車	车	수레 거, 차
5급	可		옳을 가	5II급	去		갈 거
4II급	價	价	값 가	4II급	巨		클(크다) 거
4급	假		거짓, 빌릴 가	4II급	擧	举	들(들다) 거
4급	街		거리 가	4급	居		살 거
5II급	各		각각 각	4II급	件		사건 건
5급	角	角	뿔 각	4II급	健		굳셀, 튼튼할 건
6급	間	间	사이 간	4II급	建		세울 건
4급	干		방패 간	6급	巾		수건 건
4II급	看		볼 간	4급	干		방패 간, 마를 간[건]
5급	感		느낄 감	4급	儉	俭	검소할 검
4II급	減	减	덜 감	4급	檢	检	검사할 검
4II급	甘		달 감	5급	格		격식(틀) 격
4II급	監	监	볼 감	7급	犬		개 견
4급	甲		껍질, 첫째 천간 갑	5II급	見	见	볼 견
7급	江		강 강	5급	決	决	결정할 결
5II급	强	强	강할 강	5급	結	结	맺을 결
4급	降		내릴 강, 항복할 항	4급	潔	洁	깨끗할 결
4급	康		편안할 강	5II급	京		서울 경
4급	講	讲	익힐, 욀 강	5급	敬		공경할 경
5II급	開	开	열 개	5급	輕	轻	가벼울 경
4II급	個	个	낱 개	4II급	景		볕, 경치 경

급수	한자	간체자	훈음	급수	한자	간체자	훈음
4II급	競	竞	다툴 경	5II급	功		공(공로) 공
4급	更		고칠 경, 다시 갱	5급	公		공평할 공
4급	境		지경 경	6급	空		빌(비다) 공
4급	庚		일곱째 천간 경	5II급	科		과목 과
4급	慶	庆	경사 경	5급	果		열매 과
4급	經	经	지날, 날실, 경서 경	5급	過	过	지날, 허물 과
4급	警		경계할 경	4II급	課	课	공부할, 매길 과
5II급	計	计	셀 계	4II급	觀	观	볼 관
5급	界		지경(경계) 계	4II급	關	关	관계할, 빗장 관
4II급	季		철, 계절 계	4급	官		벼슬 관
4급	戒		경계할 계	5II급	光		빛 광
4급	溪		시내 계	4II급	廣	广	넓을 광
4급	癸		열째 천간 계	6급	敎	教	가르칠 교
4급	繼	继	이을 계	6급	校		학교 교
6급	古		예 고	5II급	交		사귈 교
5II급	高		높을 고	4II급	橋	桥	다리 교
5급	告		알릴 고	8급	九		아홉 구
5급	考		생각할 고	8급	口		입 구
5급	苦		괴로울 고	5II급	區	区	나눌 구
4II급	固		굳을 고	5급	球		공 구
4II급	故		연고(까닭) 고	4II급	久		오랠 구
4급	庫	库	곳집 고	4II급	具		갖출 구
5급	曲		굽을 곡	4II급	救		도울 구
4급	谷		골(골짜기) 곡	4II급	求		구할 구
4II급	骨	骨	뼈 골	4II급	舊	旧	예 구
7급	工		장인, 만들 공	4급	句		글귀 구
5II급	共		함께 공	4급	究		궁구할 구

급수	한자	간체자	훈음
6급	國	国	나라 국
4II급	局		판(바둑·장기) 국
6급	軍	军	군사 군
5급	郡		고을 군
4II급	君		임금 군
4급	群		무리 군
4II급	弓		활 궁
4급	權	权	권세 권
5급	貴	贵	귀할 귀
4급	歸	归	돌아갈 귀
4II급	規	规	법 규
4급	均		고를, 평평할 균
4II급	極	极	다할 극
5II급	近	近	가까울 근
5급	根		뿌리 근
6급	今		이제 금
4급	禁		금할 금
5II급	急		급할 급
5급	級	级	등급 급
4II급	及		미칠 급
4II급	給	给	줄(주다) 급
7급	己		몸(자기) 기
6급	氣	气	기운 기
6급	記	记	기록할 기
5II급	旗		기(깃발) 기
4II급	器		그릇 기
4II급	基		터 기
4II급	技		재주 기

급수	한자	간체자	훈음
4II급	期		기약할 기
4II급	汽		물 끓는 김 기
4급	其		그 기
4급	起		일어날 기
5급	吉		길할, 좋을 길
8급	金		쇠 금, 성 김
4급	暖		따뜻할 난
4급	難	难	어려울 난
8급	南		남녘 남
8급	男		사내 남
4급	納	纳	들일 납
7급	內	内	안 내
4급	乃		이에, 곧 내
8급	女		여자 녀
7급	年		해 년
4II급	念		생각 념
4급	努		힘쓸 노
4급	怒		성낼 노
6급	農	农	농사 농
5급	能		능할 능
6급	你		너 니
7급	多		많을 다
5II급	短		짧을 단
4II급	丹		붉을 단
4II급	團	团	모일, 둥글 단
4급	單	单	홑 단
4급	壇	坛	단, 제단 단
4급	斷	断	끊을 단

급수	한자	간체자	훈음
4급	端		바를, 끝 단
4급	達	达	통달할 달
4II급	談	谈	말씀 담
6급	答		대답 답
5II급	當	当	마땅할 당
5급	堂		집 당
8급	大		큰 대
6급	代		대신할 대
5II급	對	对	대답할 대
5급	待		기다릴 대
4급	隊	队	무리 대
5급	德		덕 덕
5II급	刀		칼 도
5II급	圖	图	그림 도
5급	度		법도 도
4II급	到		이를 도
4II급	島	岛	섬 도
6급	道	道	길 도
4II급	都	都	도읍(도시) 도
4급	徒		무리 도
5II급	讀	读	읽을 독
4II급	獨	独	홀로 독
8급	東	东	동녘 동
6급	同		한가지 동
5II급	冬		겨울 동
5급	動	动	움직일 동
5급	童		아이 동
6급	洞		골 동

급수	한자	간체자	훈음
5II급	頭	头	머리 두
4II급	豆		콩 두
4급	得		얻을 득
6급	登		오를 등
5II급	等		무리 등
4급	燈	灯	등잔 등
5급	落		떨어질 락
4II급	朗	朗	밝을 랑
6급	來	来	올 래
4II급	冷	冷	찰(차다) 랭
4급	略		간략할 략
5급	良		어질, 좋을 량
4II급	兩	两	두(둘) 량
4II급	量		헤아릴 량
4II급	旅		나그네 려
7급	力		힘 력
5급	歷	历	지낼 력
4II급	練	练	익힐 련
4급	連	连	잇닿을 련
4급	列		벌일 렬
4급	烈		매울, 세찰 렬
4II급	令	令	명령할 령
4II급	領	领	옷깃, 거느릴 령
5II급	禮	礼	예도 례
5급	例		본보기(법식) 례
6급	老		늙을 로
5급	勞	劳	일할 로
5급	路		길 로

급수	한자	간체자	훈음
5급	綠	绿	푸를 록
4급	錄	录	기록할 록
4급	論	论	논할 론
4II급	料		헤아릴 료
5급	流		흐를 류
4II급	類	类	무리 류
4II급	陸	陆	뭍(땅) 륙
8급	六		여섯 륙
4급	倫	伦	인륜 륜
4II급	律		법률 률
6급	里		마을 리
5II급	利		이로울 리
5II급	理		다스릴 리
5급	李		오얏(자두) 리
7급	林		수풀(숲) 림
7급	立		설(서다) 립
7급	馬	马	말 마
6급	嗎	吗	어조사 마
5급	媽	妈	엄마 마
4급	莫		없을 막
6급	萬	万	일만 만
4급	滿	满	찰(가득 차다) 만
6급	末		끝 말
5급	亡		망할 망
4II급	望		바랄 망
4급	忘		잊을 망
6급	每		매양(늘) 매
5급	買	买	살(사다) 매

급수	한자	간체자	훈음
5급	賣	卖	팔(팔다) 매
4II급	妹		손아래 누이 매
6급	面		낯, 얼굴 면
7급	名		이름 명
5II급	命		목숨 명
5II급	明		밝을 명
8급	母		어머니 모
5II급	毛		털 모
8급	木		나무 목
7급	目		눈 목
4II급	沐		목욕할 목
4급	牧		칠 목
4급	卯		토끼(넷째 지지) 묘
4급	妙		묘할 묘
5II급	無	无	없을 무
4II급	武		굳셀 무
4급	務	务	힘쓸 무
4급	戊		다섯째 천간 무
8급	門	门	문 문
6급	們	们	들(무리) 문
6급	問	问	물을 문
6급	文		글월 문
5II급	聞	闻	들을 문
6급	物		물건 물
5II급	米		쌀 미
5급	美		아름다울 미
4II급	味		맛 미
4II급	尾		꼬리 미

급수	한자	간체자	훈음
4II급	未		아닐 미
6급	民		백성 민
4급	密		빽빽할 밀
5급	朴		순박할 박
5II급	半	半	절반 반
5II급	班		나눌 반
5급	反		돌이킬 반
4급	飯	饭	밥 반
5급	發	发	필 발
6급	方		모 방
5II급	放		놓을 방
4급	房	房	방 방
4급	訪	访	찾을 방
4급	防		막을 방
4II급	倍		곱(갑절) 배
4II급	拜		절(절하다) 배
4급	背		등 배
8급	百		일백 백
7급	白		흰 백
5II급	番		차례 번
4II급	伐		칠 벌
4급	罰	罚	벌할 벌
4II급	凡		무릇 범
5급	法		법 법
4II급	變	变	변할 변
5II급	別	别	다를 별
5급	兵		군사, 병사 병
5급	病		병 병

급수	한자	간체자	훈음
4급	丙		셋째 천간 병
5II급	步		걸음 보
4II급	報	报	갚을, 알릴 보
4급	保		지킬 보
4급	寶	宝	보배 보
5급	服		옷, 다스릴 복
5급	福	福	복 복
4급	伏		엎드릴 복
4급	復	复	돌아올 복
6급	本		근본 본
5급	奉		받들 봉
8급	父		아버지 부
6급	夫		사내, 남편 부
5II급	部		떼, 거느릴 부
4II급	婦	妇	아내(지어미) 부
4II급	富		부자 부
4급	否		아닐 부
8급	北		북녘 북
6급	分		나눌 분
6급	不		아니 불
4급	佛		부처 불
4II급	備	备	갖출 비
4II급	比		견줄 비
4II급	費	费	쓸 비
4II급	非		아닐 비
4II급	鼻		코 비
4급	悲		슬플 비
4급	飛	飞	날(날다) 비

급수	한자	간체자	훈음
4II급	貧	贫	가난할 빈
5급	氷	冰	얼음 빙
8급	四		넉(넷) 사
6급	事		일 사
6급	士		선비 사
5II급	死		죽을 사
5II급	社	社	모일 사
5급	仕		벼슬, 섬길 사
5급	使		하여금, 부릴 사
5급	史		역사, 사기 사
5급	思		생각 사
4II급	寫	写	베낄 사
4II급	師	师	스승 사
4II급	査		조사할 사
4II급	謝	谢	사례할 사
4급	寺		절 사
4급	巳		뱀(여섯째 지지) 사
4급	絲	丝	실 사
4급	舍		집 사
8급	山		산(뫼, 메) 산
5급	算		셈 산
4II급	産	产	낳을 산
4급	散		흩어질 산
4급	殺	杀	죽일 살, 감할 쇄
8급	三		석(셋) 삼
8급	上		위 상
5급	相		서로 상
4II급	商		장사 상

급수	한자	간체자	훈음
4II급	常		항상 상
4II급	賞	赏	상줄 상
4급	狀	状	모양 상, 문서 장
4급	床		평상 상
4급	想		생각 상
6급	色		빛 색
7급	生		날 생
8급	西		서녘 서
5II급	書	书	글 서
4II급	序		차례 서
7급	夕		저녁 석
7급	石		돌 석
5급	席		자리 석
7급	先		먼저 선
5II급	線	线	줄(line) 선
4II급	仙		신선 선
4II급	善		착할, 잘할 선
4II급	船		배(boat) 선
4II급	選	选	가릴 선
4II급	鮮	鲜	고울 선
5급	雪		눈 설
4II급	舌		혀 설
4II급	說	说	말씀 설
7급	姓		성씨 성
5II급	性		성품 성
5II급	成		이룰 성
5급	省		살필 성, 줄일 생
4II급	城		재(성) 성

급수	한자	간체자	훈음
4II급	星		별 성
4II급	盛		성할 성
4II급	聖	圣	성스러울 성
4II급	誠	诚	정성 성
4급	聲	声	소리 성
6급	世		세상 세
5급	洗		씻을 세
4II급	勢	势	권세 세
4II급	歲	岁	해 세
4급	稅		세금 세
4급	細	细	가늘 세
8급	小		작을 소
7급	少		적을 소
6급	所		곳, 바 소
5급	消	消	사라질 소
4급	掃	扫	쓸(쓸다) 소
4급	笑		웃음 소
4급	素		흴, 본디 소
5급	速	速	빠를 속
4II급	束		묶을 속
4급	俗		풍속 속
4급	續	续	이을 속
5급	孫	孙	손자 손
4II급	送	送	보낼 송
4급	松		소나무 송
8급	水		물 수
7급	手		손 수
5II급	首		머리 수

급수	한자	간체자	훈음
5급	數	数	셈 수
5급	樹	树	나무 수
4II급	守		지킬 수
4급	修		닦을 수
4급	受		받을 수
4급	愁		근심 수
4급	授		줄(주다) 수
4급	收		거둘 수
5급	宿		잠잘 숙
5급	順	顺	순할 순
4급	純	纯	순수할 순
5급	術	术	재주 술
4급	戌		개(열한째 지지) 술
5급	習	习	익힐 습
4급	拾		주울 습
5급	勝	胜	이길 승
4급	承		이을 승
6급	市		저자(시장) 시
6급	時	时	때 시
5II급	示		보일 시
5II급	詩	诗	글 시
5급	始		처음, 비로소 시
4II급	是		옳을 시
4II급	視	视	볼 시
4II급	試	试	시험 시
6급	植	植	심을 식
6급	食		먹을, 밥 식
5급	式		법 식

급수	한자	간체자	훈음
4급	息		숨쉴 식
4급	識	识	알(알다) 식
5II급	信		믿을 신
5II급	新		새로울 신
5II급	神	神	귀신, 신비할 신
5II급	身		몸 신
5급	臣		신하 신
4II급	辛		매울 신
4급	辰		다섯째 지지, 별 진, 때 신
4급	申		펼 신, 원숭이(아홉째 지지) 신
6급	室		집 실
5급	失		잃을 실
5급	實	实	열매 실
7급	心		마음 심
8급	十		열 십
4II급	氏		성씨 씨
5급	兒	儿	아이 아
4급	我		나 아
4II급	惡	恶	나쁠 악, 미워할 오
6급	安		편안할 안
4II급	案		책상, 생각 안
4II급	眼		눈(eye) 안
4II급	暗		어두울 암
5급	愛	爱	사랑 애
5II급	夜		밤 야
5급	野		들 야
5II급	弱	弱	약할 약
5급	藥	药	약 약

급수	한자	간체자	훈음
4II급	約	约	맺을 약
4II급	若		만약 약, 반야 야
7급	羊		양 양
5급	洋		큰 바다 양
5급	陽	阳	볕 양
4II급	養	养	기를 양
7급	魚	鱼	고기 어
6급	語	语	말씀 어
5급	漁	渔	고기 잡을 어
5급	億	亿	억 억
5II급	言		말씀 언
5급	業	业	일, 업 업
5급	如		같을 여
4급	與	与	더불, 줄 여
4급	餘	余(馀)	남을 여
4급	逆		거스를 역
5급	然		그러할 연
4급	煙	烟	연기 연
4급	硏	研	갈(갈다) 연
4II급	熱	热	더울 열
4II급	葉	叶	잎 엽
5II급	永		길(길다) 영
5II급	英		꽃부리, 뛰어날 영
4급	榮	荣	영화 영
4급	營	营	경영할 영
4급	藝	艺	재주 예
8급	五		다섯 오
6급	午		낮 오

급수	한자	간체자	훈음
4급	誤	误	그르칠 오
7급	玉		구슬 옥
4II급	屋		집 옥
5급	溫	温	따뜻할 온
4II급	完		완전할 완
8급	王		임금 왕
4II급	往		갈 왕
7급	外		바깥 외
5II급	樂	乐	즐길 락, 노래 악, 좋아할 요
5급	要		구할 요
4급	曜		빛날 요
4급	謠	谣	노래 요
4II급	浴		목욕할 욕
5II급	用		쓸 용
5급	勇		날랠 용
4급	容		얼굴 용
7급	右		오른 우
7급	牛		소 우
5II급	又		또 우
5II급	友		벗 우
4II급	雨		비 우
4급	遇		만날 우
5II급	運	运	옮길 운
5급	雲	云	구름 운
4II급	雄		수컷, 씩씩할 웅
5II급	元		으뜸 원
5II급	原		언덕 원
5II급	遠	远	멀 원

급수	한자	간체자	훈음
5급	園	园	동산 원
5급	源		근원 원
5급	院		집 원
4II급	願	愿	원할 원
4급	員	员	인원 원
4급	圓	圆	둥글 원
8급	月		달 월
6급	位		자리 위
4II급	偉	伟	클, 훌륭할 위
4II급	爲	为	할(하다) 위
4급	危		위태할 위
6급	有		있을 유
5급	油		기름 유
5급	由		말미암을 유
4급	乳		젖 유
4급	遺	遗	남길 유
4급	酉		닭(열째 지지) 유
6급	育		기를 육
5II급	肉		고기 육
5II급	銀	银	은 은
4II급	恩		은혜 은
5II급	音		소리 음
5급	飮	饮	마실 음
4급	陰	阴	그늘 음
6급	邑		고을 읍
4급	應	应	응할 응
6급	衣		옷 의
5II급	意		뜻 의

급수	한자	간체자	훈음
5급	醫	医	의원 의
4II급	義	义	옳을 의
4급	依		의지할 의
8급	二		두(둘) 이
7급	耳		귀 이
5급	以		써 이
4급	異	异	다를 이
4급	移		옮길 이
4급	益	益	더할 익
8급	人		사람 인
5급	因		인할, 까닭 인
4II급	仁		어질 인
4II급	引		끌(끌다) 인
4급	印		도장 인
4급	寅		범(셋째 지지) 인
4급	認	认	알(알다) 인
8급	一		한 일
8급	日		날, 해 일
5급	任		맡길 임
4급	壬		아홉째 천간 임
7급	入		들 입
8급	子		아들 자
7급	自		스스로 자
6급	字		글자 자
5급	者	者	사람 자
4II급	姉	姉	손위 누이 자
5II급	作		지을 작
5급	昨		어제 작

급수	한자	간체자	훈음
6급	場	场	마당 장
6급	長	长	긴, 어른 장
5급	章		글 장
4II급	將	将	장수, 장차 장
4급	壯	壮	장할, 씩씩할 장
5II급	才		재주 재
5급	再		두, 다시 재
5급	在		있을 재
5급	材		재목 재
4II급	財	财	재물 재
4II급	災	灾	재앙 재
4II급	爭	争	다툴 쟁
4II급	低	低	낮을 저
4II급	貯	贮	쌓을 저
5급	的		과녁 적
5급	赤		붉을 적
4II급	敵	敌	원수 적
4급	適	适	맞을 적
6급	全		온전할 전
6급	前		앞 전
5II급	田		밭 전
5급	典		법, 책 전
5급	展		펼 전
5급	戰	战	싸움 전
4II급	傳	传	전할 전
4급	專	专	오로지 전
6급	電	电	번개, 전기 전
4II급	節	节	마디 절

급수	한자	간체자	훈음
4급	切		끊을 절, 모두 체
4급	絕	绝	끊을 절
4II급	店		가게 점
4급	點	点	점 점
4급	接		이을(잇다) 접
6급	正		바를 정
5급	定		정할 정
5급	庭		뜰 정
4II급	丁		장정 정
4II급	停		머무를 정
4II급	情	情	뜻 정
4II급	政		정사(정치) 정
4II급	精	精	자세할 정
4급	井		우물 정
8급	弟		아우(동생) 제
5급	第		차례 제
5급	題	题	제목 제
4II급	祭		제사 제
4급	制		절제할, 마를 제
4급	製	制	지을(짓다) 제
4급	除		덜(덜다) 제
6급	祖	祖	조상 조
5II급	朝		아침 조
4II급	助		도울 조
4II급	操		잡을 조
4II급	早		이를 조
4II급	調	调	고를 조, 조사할 조
4II급	鳥	鸟	새 조

급수	한자	간체자	훈음
4급	兆		조, 조짐 조
4급	造	造	지을(짓다) 조
7급	足		발 족
5급	族		겨레 족
4II급	存		있을 존
4급	尊	尊	높을 존
5급	卒		병사, 마칠 졸
4II급	種	种	씨 종
4II급	終	终	마칠 종
4급	宗		마루 종
7급	左		왼 좌
4II급	坐		앉을 좌
4급	罪		허물 죄
7급	主		주인 주
6급	住		살(살다) 주
5II급	晝	昼	낮 주
5급	州		고을 주
5급	注		물댈, 부을 주
4II급	走		달릴 주
4II급	週	周	돌 주
4급	朱		붉을 주
5II급	竹		대 죽
8급	中		가운데 중
5II급	重		무거울 중
4급	衆	众	무리 중
4II급	增	增	더할 증
7급	地		땅 지
5급	止		그칠 지

급수	한자	간체자	훈음
5급	知		알(알다) 지
5급	紙	纸	종이 지
4II급	志		뜻 지
4II급	支		지탱할, 가를 지
4II급	至		이를 지
4급	之		갈, 어조사 지
4급	持		가질 지
4급	指		손가락, 가리킬 지
5II급	直	直	곧을 직
4급	職	职	직분, 맡을 직
4II급	眞	真	참 진
4II급	進	进	나아갈 진
4II급	質	质	바탕 질
5급	集		모일 집
4II급	次		버금(둘째) 차
4급	着	着	붙을 착
4급	察		살필 찰
5급	參	参	참여할 참
5급	窓	窗	창문 창
4급	創	创	비롯할 창
4급	唱		부를 창
5급	責	责	꾸짖을 책
4II급	冊	册	책 책
4II급	處	处	곳, 살(살다) 처
8급	千		일천 천
7급	天		하늘 천
7급	川		내 천
4II급	鐵	铁	쇠 철

급수	한자	간체자	훈음
7급	靑	青	푸를 청
5급	淸	清	맑을 청
4급	聽	听	들을 청
4급	請	请	청할 청
5급	體	体	몸 체
6급	草		풀 초
5급	初		처음 초
7급	寸		마디 촌
5II급	村		마을 촌
4II급	最		가장 최
5II급	秋		가을 추
4II급	祝	祝	빌 축
4급	丑		소(둘째 지지) 축
5II급	春		봄 춘
7급	出		날 출
5급	充		채울 충
4II급	忠		충성 충
4II급	蟲	虫	벌레 충
4급	取		가질 취
4II급	致		이를 치
4II급	齒	齿	이(이빨) 치
4급	治		다스릴 치
4II급	則	则	법칙 칙
5II급	親	亲	친할, 어버이 친
8급	七		일곱 칠
4급	針	针	바늘 침
4급	快		쾌할, 빠를 쾌
4II급	他		다를 타

급수	한자	간체자	훈음
4II급	打		칠 타
4II급	卓		높을 탁
4급	炭		숯 탄
4급	脫		벗을 탈
4급	探		찾을 탐
5II급	太		클 태
4II급	宅		집 택, 댁
8급	土		흙 토
4급	討	讨	칠 토
5II급	通	通	통할 통
4II급	統	统	거느릴 통
4II급	退	退	물러날 퇴
5급	特		특별할 특
5급	爸		아빠 파
4II급	波		물결 파
4급	破		깨뜨릴 파
4급	判		판단할 판
4급	板		널빤지 판
8급	八		여덟 팔
5II급	貝	贝	조개 패
4II급	敗	败	패할(무너지다) 패
5II급	便		편할 편, 똥오줌 변
4II급	片		조각 편
6급	平	平	평평할 평
4급	閉	闭	닫을 폐
4급	包		쌀(싸다) 포
4급	布		베, 펼 포
4급	暴		사나울 포(폭)

급수	한자	간체자	훈음
5급	表		겉 표
4급	票		표, 쪽지 표
5급	品		물건 품
5II급	風	风	바람 풍
5급	必		반드시 필
4II급	筆	笔	붓 필
8급	下		아래 하
5II급	夏		여름 하
5급	河		물, 강 이름 하
6급	學	学	배울 학
6급	漢	汉	한수(China) 한
6급	韓	韩	한국(Korea) 한
5II급	限		한할 한
4II급	寒		찰(춥다) 한
6급	合		합할 합
6급	海		바다 해
4II급	害		해칠 해
4급	亥		돼지(열두 번째 지지) 해
4급	解	解	풀(풀다) 해
5II급	行		다닐 행
5급	幸		다행 행
6급	向		향할 향
4II급	香		향기 향
4급	鄕	乡	시골 향
4II급	許	许	허락할 허
4급	虛	虚	빌(비다) 허
4급	驗	验	시험 험
5급	現	现	나타날 현

급수	한자	간체자	훈음
4급	賢	贤	어질 현
6급	頁	页	머리 혈
5Ⅱ급	血		피 혈
4급	協	协	도울 협
8급	兄		맏(형) 형
5Ⅱ급	形		모양 형
4Ⅱ급	惠		은혜 혜
6급	好		좋을 호
5급	號	号	부르짖을, 이름 호
4Ⅱ급	戶	户	집, 지게문 호
4Ⅱ급	湖		호수 호
4급	呼		부를, 숨 내쉴 호
8급	火		불 화
5Ⅱ급	和		화목할 화
5Ⅱ급	花		꽃 화
5Ⅱ급	話	话	말씀(말하다) 화
5급	化		될(되다) 화
5급	畫	画	그림 화
4급	華	华	빛날 화
4급	貨	货	재화 화
4Ⅱ급	患		근심(걱정) 환
5Ⅱ급	活		살(살다) 활
5Ⅱ급	黃	黄	누를 황
5Ⅱ급	會	会	모일 회
4Ⅱ급	回		돌(돌다) 회
6급	孝		효도 효
4급	效		본받을 효
6급	後	后	뒤 후

급수	한자	간체자	훈음
4급	候		기후, 물을 후
5급	訓	训	가르칠 훈
6급	休		쉴 휴
5급	凶		흉할 흉
5급	黑		검을 흑
5급	很		매우 흔
4급	吸		마실, 숨 들이쉴 흡
4급	興	兴	일어날 흥
4급	希		바랄(바라다) 희
부수8급	丶		점 주
부수8급	丨		뚫을 곤
부수8급	乙(乚)		새, 굽을 을
부수8급	丿		삐침 별
부수8급	乀		파임 불
부수8급	亅		갈고리 궐
부수8급	亠		머리 부분 두
부수8급	儿		걷는 사람 인
부수8급	凵		입 벌릴 감
부수8급	冖		덮을 멱
부수7급	冂		멀 경
부수7급	几		안석 궤
부수7급	冫		얼음 빙
부수7급	勹		쌀(싸다) 포
부수7급	匕		비수 비
부수7급	卜		점 복
부수7급	匚		상자 방 *匸 감출 혜
부수7급	卩 卪		병부 절
부수7급	厂		언덕 엄

급수	한자	간체자	훈음
부수7급	厶		사사 사
부수6급	囗		에울 위
부수6급	夂		뒤져서 올 치 *夊 천천히 걸을 쇠
부수6급	宀		집 면
부수6급	幺		작을 요
부수6급	广		집 엄
부수6급	廴		길게 걸을 인
부수6급	廾		손 맞잡을 공
부수6급	弋		주살 익
부수6급	彑 彐		돼지머리 계
부수6급	彡		터럭 삼
부수6급	彳		조금 걸을 척
부수6급	戈		창 과
부수6급	攴攵		칠 복
부수6급	欠		하품 흠
부수6급	歹		뼈 앙상할 알
부수6급	殳		칠, 몽둥이 수
부수6급	爪爫		손톱 조
부수6급	辶		쉬엄쉬엄 갈 착
부수6급	爿	丬	조각 장
부수6급	疒		병들어 기댈 녁

한자어	독음	뜻
街道	가도	① 도시와 도시 사이를 잇는 큰 길 ② 막힘이 없이 탄탄한 진로를 비유함
商街	상가	가게가 죽 늘어서 있는 거리
假想	가상	사실이 아니거나 사실 여부가 분명하지 않은 것을 사실이라고 가정하여 생각함
假面	가면	나무, 종이 등으로 만든 얼굴의 형상. 탈
干滿	간만	밀물과 썰물
干與	간여	간섭하여 참여함
甲富	갑부	첫째가는 부자
同甲	동갑	같은 나이. 나이가 같은 사람
降水量	강수량	비, 눈, 우박, 안개 따위로 일정 기간 동안 일정한 곳에 내린 물의 총량. 단위는 mm
降伏	항복	적이나 상대편의 힘에 눌리어 굴복함
講義	강의	학문이나 기술의 일정한 내용을 체계적으로 설명하여 가르침
特講	특강	특별히 베푸는 강의
康福	강복	건강하고 행복하다
健康	건강	정신적, 육체적으로 탈이 없고 튼튼함
居處	거처	한 군데 정하여 두고 늘 사는 곳이나 방
住居	주거	어떤 곳에 자리 잡고 삶
檢査	검사	사실이나 일의 상태 또는 물질의 구성 성분 따위를 조사하여 옳고 그름과 낫고 못함을 판단하는 일
點檢	점검	낱낱이 검사함
儉素	검소	사치하지 않고 수수함
儉約	검약	돈이나 물건, 자원 등을 아껴 씀
潔白	결백	① 깨끗하고 흼 ② 잘못이나 죄를 저지른 것이 없음
淸潔	청결	맑고 깨끗함
警戒	경계	뜻밖의 사고가 생기지 않도록 주의하고 살핌
警備	경비	도난, 재난, 침략 등을 염려하여 사고가 나지 않도록 미리 살피고 지키는 일
慶事	경사	축하할 만한 기쁜 일

한자어	독음	뜻
國慶日	국경일	국가적으로 경사를 기념하기 위하여 법으로 정한 날
變更	변경	다르게 바꾸어 새롭게 고침
更紙	갱지	지면이 좀 거칠고 품질이 낮은 종이. 주로 신문지나 시험지 씀
我軍	아군	① 우리 편 군대 ② 운동 경기에서 우리 편을 비유함
我國	아국	우리나라
境界線	경계선	경계가 되는 선
地境	지경	① 땅의 경계 ② 일정한 테두리 안의 땅
經過	경과	① 시간이 지나감 ② 단계, 시기, 장소를 거침 ③ 일이 되어가는 과정
經典	경전	① 변하지 않는 법식과 도리 ② 성인(聖人)이 지은 글 ③ 종교의 교리를 기록한 책
戒律	계율	지켜야 할 규범
訓戒	훈계	타일러서 잘못이 없도록 주의를 줌
溪谷	계곡	물이 흐르는 골짜기
淸溪	청계	맑고 깨끗한 시내
繼承	계승	조상이나 선임자의 뒤를 이어받음
中繼	중계	① 중간에서 이어 줌 ② '중계방송'의 줄임말
出庫	출고	① 창고에서 물품을 꺼냄 ② 생산자가 생산품을 시장에 냄
國庫	국고	① 재산권의 주체로서 국가 ② 나라의 수입, 지출을 관리하 는 기관
谷風	곡풍	골바람. 동풍
合谷	합곡	침놓는 자리. 엄지손가락과 집게손가락 사이
官職	관직	공무원 또는 관리가 국가로부터 위임받은 일정한 직무나 직책
長官	장관	나라를 맡아 다스리고 이끌어 가는 일을 나누어 맡아 처리하는 행정 각 부의 우두머리
究明	구명	사물의 본질, 원인 등을 깊이 연구하여 밝힘
講究	강구	좋은 대책과 방법을 연구함
句節	구절	한 토막의 말이나 글
文句	문구	글귀. 글의 구절

한자어	독음	뜻
群落	군락	① 같은 지역에 모여 생활하는 많은 부락 ② 같은 생육 조건에서 떼를 지어 자라는 식물 집단
群衆	군중	한 곳에 모인 많은 사람의 무리
權勢	권세	권력과 세력
人權	인권	인간으로서 당연히 갖는 기본적 권리
歸國	귀국	외국에 있던 사람이 자기 나라로 돌아오거나 돌아옴
均等	균등	고르고 가지런해 차별이 없음
平均	평균	여러 사물의 질이나 양 따위를 통일적으로 고르게 한 것
禁止	금지	하지 못하게 함
監禁	감금	드나들지 못하도록 일정한 곳에 가둠
其他	기타	그 밖의 또 다른 것
各其	각기	각각 저마다
起源	기원	사물이 처음으로 생김
起立	기립	일어섬
暖流	난류	온도가 높고 염분이 많은 해류
溫暖	온난	날씨가 따뜻함
難局	난국	어려운 상황이나 국면
苦難	고난	괴로움과 어려움
納品	납품	주문받은 물품을 주문한 사람이 원하는 곳에 가져다 줌
完納	완납	남김없이 완전히 냄
乃至	내지	① '얼마에서 얼마까지'의 뜻을 나타내는 말. ② 또는(그렇지 않으면)
終乃	종내	끝내
怒氣	노기	성난 얼굴빛
怒發大發	노발대발	몹시 노하여 펄펄 뛰며 성을 냄
努力	노력	목적을 위해 힘을 다해서 애씀
努肉	노육	궂은 살
斷念	단념	품었던 생각을 아주 끊어 버림

한자어	독음	뜻
決斷	결단	딱 잘라 결정하거나 단정을 내림
花壇	화단	꽃을 심기 위해 흙을 높게 쌓아 꾸민 꽃밭
講壇	강단	강연이나 강의, 설교 등을 위해 올라서게 만든 자리
極端	극단	① 맨 끄트머리 ② 길이나 일의 진행이 끝까지 미쳐 더 나아갈 데가 없는 지경
發端	발단	어떤 일이 처음 일어남
單位	단위	① 수량을 나타내는 기초가 되는 기준 ② 하나의 조직 따위를 구성하는 기본적인 한 덩어리
單價	단가	물건 한 단위의 값.
通達	통달	막힘없이 환히 통함
到達	도달	목표를 정한 곳이나 어떤 수준에 이르러 다다름
隊列	대열	① 줄을 지어 늘어선 행렬 ② 어떤 활동을 목적으로 모인 무리
部隊	부대	① 일정한 규모로 편성된 군대 조직 ② 어떠한 공통의 목적을 가진 집단
徒步	도보	자전거나 차 등을 타지 않고 걸어감
信徒	신도	어떤 일정한 종교를 믿는 사람
得失	득실	얻음과 잃음
納得	납득	남의 말이나 행동을 잘 알아차려 이해함
消燈	소등	등불을 끔
信號燈	신호등	신호를 알리는 등
略圖	약도	간략하게 줄여 주요한 것만 대충 그린 도면이나 지도
省略	생략	줄이거나 뺌
連結	연결	사물과 사물 또는 현상과 현상이 서로 이어지거나 관계를 맺음
一連	일련	하나로 이어지는 것
連勝	연승	싸움이나 경기에서 계속하여 이김
連續	연속	끊이지 아니하고 죽 이어지거나 지속함
熱烈	열렬	어떤 것에 대한 애정이나 태도가 매우 맹렬하다
強烈	강렬	성질이 억세고 사납다
列擧	열거	여러 가지 예나 사실을 낱낱이 죽 늘어놓음

한자어	독음	뜻
序列	서열	일정한 기준에 따라 순서대로 늘어섬. 또는 그 순서
錄音	녹음	테이프나 판 또는 영화 필름 따위에 소리를 기록함. 또는 그렇게 기록한 소리
記錄	기록	주로 후일에 남길 목적으로 어떤 사실을 적음. 또는 그런 글
論說	논설	어떤 주제에 관하여 자기의 의견이나 주장을 조리 있게 설명함. 또는 그런 글
言論	언론	매체를 통하여 어떤 사실을 밝혀 알리거나 어떤 문제에 대하여 여론을 형성하는 활동
倫理	윤리	사람으로서 마땅히 행하거나 지켜야 할 도리와 규범
人倫	인륜	사람이 지켜야 할 떳떳한 도리
莫論	막론	이것저것 따지고 가려 말하지 아니하다
莫重	막중	더할 수 없이 소중하다
滿點	만점	① 규정된 점수에 꽉 찬 점수 ② 부족함이 없이 아주 만족할 만한 정도
充滿	충만	가득하게 차 있음
健忘	건망	잘 잊어버림
備忘錄	비망록	잊지 않으려고 중요한 골자를 적어 둔 것. 또는 그런 책자
牧場	목장	일정한 시설을 갖추어 소나 말, 양 따위를 놓아기르는 곳
放牧	방목	가축을 놓아기르는 일
妙技	묘기	교묘한 기술과 재주
妙案	묘안	뛰어나게 좋은 생각
業務	업무	직장 따위에서 맡아서 하는 일
義務	의무	사람으로서 마땅히 하여야 할 일. 곧 맡은 직분
實務	실무	실제의 업무나 사무
任務	임무	맡은 일
密集	밀집	빈틈없이 빽빽하게 모임
密告	밀고	남몰래 넌지시 일러바침. 고자질함
精密	정밀	① 가늘고 촘촘함 ② 빈틈없이 아주 자세하고 촘촘함
飯店	반점	중국 음식을 파는 대중적인 음식점
白飯	백반	음식점에서 흰밥에 국과 몇 가지 반찬을 끼워 파는 한 상의 음식

한자어	독음	뜻
防止	방지	어떤 일이나 현상이 일어나지 못하게 막음
攻防	공방	서로 공격하고 방어함
房門	방문	방으로 드나드는 문
來訪	내방	만나기 위하여 찾아옴
背景	배경	① 뒤쪽의 경치 ② 뒤에서 돌봐주는 힘
背後	배후	① 등 뒤 또는 뒤쪽 ② 어떤 일의 드러나지 않은 부분
罰則	벌칙	법규를 어긴 행위에 대한 처벌을 정하여 놓은 규칙
處罰	처벌	형벌에 처함. 위법 행위에 대해 고통을 줌
寶物	보물	드물고 귀한 가치가 있는 보배로운 물건
寶庫	보고	① 귀중한 물건을 간수해 두는 창고 ② 귀중한 것이 많이 나거나 간 직되어 있는 곳을 비유함
國寶	국보	나라의 보배
保全	보전	온전하게 보호해서 유지함
安保	안보	편안히 보전됨. 또는 편안히 보전함. '안전보장'의 줄임말
起伏	기복	세력이 강해졌다 약해졌다 함
三伏	삼복	여름철의 가장 더운 기간
復舊	복구	손실 이전의 상태로 회복함
復習	복습	배운 것을 다시 익혀 공부함
回復	회복	원래의 상태로 돌이키거나 원래의 상태를 되찾음
反復	반복	같은 일을 되풀이함
復活	부활	① 죽었다가 다시 되살아남 ② 일단 폐지했다가 다시 씀
否認	부인	어떤 내용이나 사실을 인정하지 않음
可否	가부	옳고 그름
佛教	불교	기원전 6세기경 인도의 석가모니가 창시. 고통과 번뇌에 벗어나 부처가 되는 것을 궁극적 이상으로 삼음
佛經	불경	불교의 가르침을 적은 경전
飛上	비상	날아오름

한자어	독음	뜻
雄飛	웅비	기운차고 용기 있게 활동함
悲壯	비장	슬프면서도 그 감정을 억눌러 씩씩하고 장하다
悲運	비운	슬픈 운명. 불행한 운명
絲狀	사상	실처럼 가늘고 긴 모양
鐵絲	철사	쇠로 만든 가는 줄
原絲	원사	직물의 원료가 되는 실
寺院	사원	① 절이나 암자 ② 성당, 교회당, 수도원 등의 종 교적 건물의 총칭
山寺	산사	산 속에 있는 절
舍監	사감	기숙사에서 기숙생들의 생활을 지도하고 감독하는 사람
舍宅	사택	기업체나 기관에서 일하는 직원을 위하여 그 기업체나 기관에서 지은 살림집
宿舍	숙사	① 숙박하는 집 ② 여러 사람이 집단으로 살고 있는 집
散發	산발	때때로 일어남
散在	산재	흩어져 있음
解散	해산	모인 사람이 흩어짐
殺害	살해	사람을 죽임. 남의 생명을 해침
殺到	쇄도	전화, 주문 따위가 한꺼번에 세차게 몰려듦
現狀	현상	나타나 보이는 현재의 상태
賞狀	상장	상을 주는 뜻을 표하여 주는 증서
思想	사상	어떠한 사물에 대하여 가지고 있는 구체적인 사고나 생각
感想	감상	마음에 느끼어 일어나는 생각
冊床	책상	앉아서 책을 읽거나 글을 쓰거나 사무를 보거나 할 때에 앞에 놓고 쓰는 상
病床	병상	병자가 눕는 침상
平床	평상	나무로 평평하게 만든 상
聲調	성조	소리의 높낮이
發聲	발성	목소리를 냄
細密	세밀	자세하고 꼼꼼하다

한자어	독음	뜻
細分	세분	여럿으로 잘게 나눔
細則	세칙	으뜸이나 기본이 되는 규칙을 다시 나누어 자세하게 만든 규칙
明細書	명세서	물품이나 금액 따위의 내용을 분명하고 자세하게 적은 문서
稅金	세금	국가 또는 지방 공공 단체가 필요한 경비로 사용하기 위하여 국민이나 주민으로부터 강제로 거두어들이는 금전
納稅	납세	나라에 세금을 냄
淸掃	청소	쓸고 닦아서 깨끗이 함
一掃	일소	모조리 쓸어버림
談笑	담소	웃으면서 이야기함
失笑	실소	어처구니가 없어 저도 모르게 웃음이 툭 터져 나옴. 또는 그 웃음
冷笑	냉소	쌀쌀한 태도로 비웃음. 또는 그런 웃음
素質	소질	타고난 능력이나 기질
素朴	소박	꾸밈이나 거짓이 없고 수수하다
平素	평소	평상시
續行	속행	계속하여 행함
手續	수속	어떤 일을 수행하거나 처리하기 전에 거쳐야 할 과정이나 단계
持續	지속	어떤 상태가 오래 계속됨. 또는 어떤 상태를 오래 계속함
存續	존속	어떤 대상이 그대로 있거나 어떤 현상이 계속됨
俗物	속물	① 속된 물건 ② 교양이 없거나 식견이 좁고 세속적인 일에만 신경을 쓰는 사람을 속되게 이르는 말
俗談	속담	① 예로부터 민간에 전하여 오는 쉬운 격언이나 잠언 ② 속된 이야기
風俗	풍속	옛날부터 그 사회에 전해 오는 생활 전반에 걸친 습관
松花	송화	소나무의 꽃. 또는 그 꽃가루
靑松	청송	푸른 소나무
收集	수집	거두어 모음
收錄	수록	① 모아서 기록함 ② 책이나 잡지에 실음
愁心	수심	매우 근심함. 또는 그런 마음

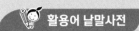

한자어	독음	뜻
鄕愁	향수	고향을 그리워하는 마음
修養	수양	몸과 마음을 갈고닦아 품성이나 지식, 도덕 따위를 높은 경지로 끌어올림
修正	수정	바로잡아 고침
修習	수습	학업이나 실무 따위를 배워 익힘. 또는 그런 일
受難	수난	견디기 힘든 어려운 일을 당함
接受	접수	신청이나 신고 따위를 구두(口頭)나 문서로 받음
授受	수수	물품을 주고받음
傳授	전수	기술이나 지식을 전하여 줌
純潔	순결	잡된 것이 섞이지 아니하고 깨끗함
單純	단순	복잡하지 않고 간단함
拾得	습득	주인 잃은 물건을 주워서 얻음
收拾	수습	① 흩어진 재산이나 물건을 거두어 정돈함 ② 어수선한 사태를 거두어 바로잡음
承認	승인	어떤 사실을 마땅하다고 인정함
承服	승복	납득하여 따름
傳承	전승	문화, 풍속, 제도 등을 이어받아 계승함. 또는 그것을 물려주어 잇게 함
休息	휴식	잠깐 쉼
消息	소식	안부를 전하는 말이나 글
識別	식별	분별하여 알아봄
知識	지식	① 알고 있는 내용이나 사물 ② 어떤 대상에 대하여 배우거나 실천을 통하여 알게 된 명확한 인식이나 이해
識見	식견	학식과 견문. 곧 사물을 분별할 수 있는 능력을 이르는 말
常識	상식	사람들이 보통 알고 있거나 알아야 하는 지식. 일반적 견문과 함께 이해력, 판단력, 사리 분별 따위가 포함됨
申告	신고	국민이 법령의 규정에 따라 행정 관청에 일정한 사실을 진술·보고함
餘念	여념	어떤 일에 대하여 생각하고 있는 것 이외의 다른 생각
餘生	여생	앞으로 남은 인생
餘白	여백	글씨나 그림이 있는 종이에서 비어 있는 부분

한자어	독음	뜻
餘波	여파	① 큰 물결이 지나간 뒤 일어나는 잔물결 ② 어떤 일이 끝난 뒤에 미치는 영향
與件	여건	주어진 조건
授與	수여	상장이나 훈장 등을 줌
給與	급여	돈이나 물품 따위를 줌. 또는 그 돈이나 물품
關與	관여	어떤 일에 관계하여 참여함
逆境	역경	일이 뜻대로 되지 않는 불행한 처지나 환경
反逆	반역	① 나라와 겨레를 배반함 ② 통치자에게서 권력을 빼앗으려고 함
硏究	연구	어떤 일이나 사물에 대하여서 깊이 있게 조사하고 생각하여 진리를 따져 보는 일
硏修	연수	연구하고 닦음
煙氣	연기	물건이 불에 탈 때에 나는 검거나 뿌연 기체
禁煙	금연	담배를 피우지 못하게 함
營利	영리	재산상의 이익을 도모함
營爲	영위	일을 꾸려 나감
經營	경영	① 계획을 세워 일을 해나감 ② 기업이나 사업을 관리하고 운영함
國營	국영	나라에서 직접 경영함
榮光	영광	빛나는 영예
榮達	영달	지위가 귀하고 높게 됨
榮華	영화	몸이 귀하게 되어 이름이 세상에 빛남
虛榮	허영	필요 이상의 겉치레
藝術	예술	특별한 재료, 기교, 양식 따위로 감상의 대상이 되는 아름다움을 표현하려는 인간의 활동 및 그 작품
藝能	예능	① 재주와 기능 ② 연극, 영화, 음악, 미술 따위의 예술과 관련된 능력
園藝	원예	채소, 과일, 화초 등을 심어서 가꾸는 일이나 기술
誤解	오해	그릇되게 해석하거나 잘못 앎
誤認	오인	잘못보거나 생각함
誤答	오답	잘못된 대답을 함

한자어	독음	뜻
過誤	과오	부주의나 태만 따위에서 비롯된 잘못이나 허물
歌謠	가요	'대중가요'의 줄임말. 널리 대중이 즐겨 부르는 노래
童謠	동요	어린이를 위한 노래
曜日	요일	일주일의 각 날을 이르는 말
容器	용기	물건을 담는 그릇
美容	미용	얼굴이나 머리를 아름답게 매만짐
收容	수용	거두어서 넣어 줌
受容	수용	받아들임
境遇	경우	① 사리나 도리 ② 놓여 있는 조건
不遇	불우	① 재능이나 포부를 가지고 있으면서도 때를 만나지 못하여 출세를 못함 ② 살림이나 처지가 딱하고 어려움
根源	근원	① 물줄기가 흘러나오기 시작하는 곳 ② 사물이 생겨나는 본바탕
資源	자원	인간 생활 및 경제 생산에 이용되는 노동력이나 기술, 원료 등을 통틀어 이르는 말
字源	자원	글자가 구성된 원리
圓形	원형	둥근 모양
圓滿	원만	① 성격이 모난 데가 없이 부드럽고 너그럽다 ② 일의 진행이 순조롭다 ③ 서로 사이가 좋다
人員	인원	단체를 이루고 있는 사람들. 또는 그 수효
減員	감원	인원수를 줄임
滿員	만원	정한 인원이 다 참
要員	요원	① 어떤 기관에서 또는 어떤 일을 하는 데 꼭 필요한 인원 ② 중요한 지위에 잇는 사람
危急	위급	몹시 위태롭고 급함
安危	안위	안전함과 위태함
遺物	유물	① 죽은 사람이 남긴 물품 ② 유적에서 출토,발견된 물건 ③ 이전 시대가 남겨 놓은 습관
遺言	유언	죽음에 이르기 직전에 남긴 말
遺傳	유전	물려받아 내려옴
遺族	유족	죽은 사람의 뒤에 남아 있는 가족. 유가족

한자어	독음	뜻
牛乳	우유	소의 젖. 살균하여 음료로 마시며 아이스크림, 버터, 치즈 따위의 원료로 쓰임
授乳	수유	젖먹이에게 젖을 먹임
陰地	음지	① 그늘진 곳 ② 소외되고 어두운 곳의 비유
陰陽	음양	① 남녀의 성(性)에 관한 이치 ② 여러 방면 ③ 전기나 자기의 음극과 양극을 아울러 이르는 말
光陰	광음	해와 달. 즉 낮과 밤이라는 뜻으로 시간이나 세월을 이름
寸陰	촌음	얼마 안 되는 시간. 아주 짧은 시간
應試	응시	시험에 응함
對應	대응	어떤 일이나 사태에 맞추어 태도나 행동을 취함
反應	반응	자극에 대응하여 어떤 현상이 일어남. 또는 그 현상
依存	의존	다른 것에 의지하여 존재함
依支	의지	① 다른 것에 몸을 기댐 ② 마음을 기대어 도움을 받음
異變	이변	예상 밖의 사태
特異	특이	보통 것에 비해 특별히 다름
移動	이동	움직여서 옮김
移植	이식	옮겨서 심음
利益	이익	물질적으로나 정신적으로 보탬이 되는 것
權益	권익	권리와 그에 따른 이익
職印	직인	직무에 사용하는 도장
油印物	유인물	인쇄기, 프린터 따위를 이용하여 만든 인쇄물
認識	인식	사물을 분별하고 판단해서 아는 일
認定	인정	옳거나 확실하다고 여김
承認	승인	어떤 사실을 마땅하다고 인정함
壯談	장담	확신을 갖고 자신 있게 하는 말
壯士	장사	몸이 우람하고 힘이 아주 센 사람
健壯	건장	몸이 튼튼하고 기운이 세다
悲壯	비장	슬프면서도 그 감정을 억눌러 씩씩하고 장하다

한자어	독음	뜻
適當	적당	정도에 알맞다
適應	적응	어떤 상황이나 환경에 익숙해져 어울림
適合	적합	꼭 알맞음
最適	최적	가장 알맞음
專攻	전공	어느 한 분야를 전문적으로 연구함. 또는 그 분야
專門家	전문가	어떤 분야를 연구하거나 그 일에 종사하여 그 분야에 상당한 지식과 경험을 가진 사람
專心	전심	마음을 오로지 한 곳에만 씀
專業	전업	전문으로 하는 직업이나 사업
切實	절실	느낌이나 생각이 뼈저리게 강렬한 상태에 있다
適切	적절	꼭 알맞다
一切	일체	① 모든 것 ② 전부. 완전히
	일절	아주, 전혀, 절대로의 뜻으로 행위를 그치게 하거나 어떤 일을 하지 않을 때 쓰는 말
絶對	절대	① 아무런 조건이나 제약이 붙지 아니함 ② 비교되거나 맞설 만한 것이 없음
絶妙	절묘	비할 데가 없을 만큼 아주 묘하다
根絶	근절	다시 살아날 수 없도록 아주 뿌리째 없애 버림
斷絶	단절	① 유대나 연관 관계를 끊음 ② 흐름이 연속되지 아니함
點檢	점검	낱낱이 검사함
要點	요점	가장 중요하고 중심이 되는 사실이나 관점
重點	중점	가장 중요하게 여겨질 점
接續	접속	맞대서 이음
面接	면접	서로 대면하여 만나 봄
井然	정연	짜임새와 조리가 있다
井田	정전	고대 중국의 하나라·은나라·주나라에서 실시한 토지 제도
除去	제거	덜어 없앰
除外	제외	어떤 범위 밖에 둠
制度	제도	관습이나 도덕, 법률 따위의 규범이나 사회 구조의 체계

한자어	독음	뜻
節制	절제	정도를 넘지 않도록 알맞게 조절함
製造	제조	① 공장에서 물건을 만듦 ② 원료에 인공을 가하여 정교한 제품을 만듦
手製品	수제품	손으로 만든 물건
兆候	조후	조짐이나 징후
億兆	억조	① 억과 조 ② 셀 수 없을 만큼 많은 수
尊敬	존경	남의 인격, 사상, 행위 따위를 받들어 공경함
尊貴	존귀	지위나 신분이 높고 귀함
宗家	종가	족보로 보아 한 문중에서 맏이로만 이어 온 큰집
宗主國	종주국	문화적 현상과 같은 어떤 대상이 처음 시작한 나라
罪惡	죄악	죄가 될 만한 나쁜 짓
有罪	유죄	잘못이나 죄가 있음
朱黃	주황	빨강과 노랑의 중간색
印朱	인주	도장을 찍는 데 쓰는 붉은빛의 재료
衆生	중생	① 많은 무리 ② 모든 살아 있는 무리
出衆	출중	여러 사람 가운데서 특별히 두드러지다. 뛰어남
持續	지속	어떤 상태가 오래 계속됨. 또는 어떤 상태를 오래 계속함
指示	지시	가리켜 보임
指定	지정	가리키어 확실하게 정함
支持	지지	① 붙들어서 버티게 함 ② 어떤 사람이나 단체 따위의 주의 · 정책 · 의견 따위에 찬동하여 이를 위하여 힘을 씀
職分	직분	① 직무상의 본분 ② 마땅히 하여야 할 본분
職業	직업	생계를 유지하기 위하여 자신의 적성과 능력에 따라 일정한 기간 동안 계속하여 종사하는 일
生辰	생신	세상에 태어난 날. '생일'을 높여 부르는 말
辰宿	진수	모든 별자리의 별들
着想	착상	어떤 일이나 창작의 실마리가 되는 생각이나 구상 따위를 잡음. 또는 그 생각이나 구상
接着	접착	끈기 있게 붙음. 또는 끈기 있게 붙임

한자어	독음	뜻
觀察	관찰	사물이나 현상을 주의하여 자세히 살펴봄
警察	경찰	① 경계하여 살핌 ② 경찰관
獨唱	독창	혼자서 노래를 부름. 또는 그 노래
合唱	합창	여러 사람이 목소리를 맞추어서 노래를 부름. 또는 그 노래
創造	창조	전에 없던 것을 처음으로 만듦
獨創的	독창적	다른 것을 모방함이 없이 새로운 것을 처음으로 만들어 내거나 생각해 내는. 또는 그런 것
聽衆	청중	강연이나 설교, 음악 따위를 듣기 위하여 모인 사람들
視聽	시청	눈으로 보고 귀로 들음
請求	청구	남에게 돈이나 물건 따위를 달라고 요구함
要請	요청	필요한 어떤 일이나 행동을 청함
不請客	불청객	오라고 청하지 않았는데도 스스로 찾아온 손님
取得	취득	자기 것으로 만들어 가짐
爭取	쟁취	겨루어 싸워서 얻음
政治	정치	나라를 다스리는 일
完治	완치	병을 완전히 낫게 함
針線	침선	바늘과 실. 바느질
方針	방침	앞으로 일을 치러 나갈 방향과 계획
針葉樹	침엽수	바늘처럼 가늘고 길며 끝이 뾰족한 잎으로 된 식물
快樂	쾌락	유쾌하고 즐거움. 또는 그런 느낌
輕快	경쾌	움직임이나 모습, 기분 따위가 가볍고 상쾌하다
石炭	석탄	땅에서 캐내는 돌 같은 숯
木炭	목탄	그림을 그리는 데 쓰는, 결이 좋고 무른 나무를 태워서 만든 숯
脫出	탈출	어떤 상황이나 구속 따위에서 빠져 나옴
虛脫	허탈	몸이 허약하여 기운이 빠지고 정신이 멍함
探究	탐구	진리나 학문 등을 파고들어 깊이 연구함
探査	탐사	샅샅이 더듬어 조사함

한자어	독음	뜻
討論	토론	어떤 문제에 대하여 여러 사람이 각각 의견을 말하며 논의함
檢討	검토	사실이나 내용을 분석해 따짐
破格	파격	격식을 깨뜨리거나 벗어남
破片	파편	깨어지거나 부서진 조각
看破	간파	보아서 속내를 알아차림
甲板	갑판	군함과 같은 큰 배 위에 나무나 철판으로 깔아 놓은 넓고 평평한 바닥
看板	간판	① 상호나 상표명 등을 사람들의 눈에 잘 뜨이게 내건 표지판 ② 대표하여 내세울 만한 사람이나 사물을 비유함
判斷	판단	사물을 인식하여 논리나 기준 등에 따라 판정을 내림
判決	판결	시비나 선악을 판단하여 결정함
閉會	폐회	집회 또는 회의를 마침
開閉	개폐	문 따위를 열고 닫음
布教	포교	종교를 널리 폄
包容	포용	남을 너그럽게 감싸 주거나 받아들임
內包	내포	어떤 성질이나 뜻 따위를 속에 품음
分包	분포	일정한 범위에 흩어져 퍼져 있음
暴惡	포악	사납고 악함
暴言	폭언	난폭하게 말함. 또는 그런 말
票決	표결	투표로 결정함
改票	개표	차표 또는 입장권 따위를 들어가는 입구에서 검사함
開票	개표	투표함을 열고 투표 결과를 조사함
解說	해설	문제나 사건의 내용 등을 알기 쉽게 풀어서 설명함
見解	견해	사물이나 현상에 대한 의견이나 생각
故鄉	고향	자기가 태어나서 자란 곳
歸鄉	귀향	고향으로 돌아가거나 돌아옴
望鄉	망향	고향을 그리워함
虛空	허공	텅 빈 공중

한자어	독음	뜻
虛弱	허약	힘이나 기운이 없고 약함
虛構	허구	사실에 없는 일을 사실처럼 꾸며 만듦
虛無	허무	① 아무것도 없이 텅빔 ② 무가치하고 무의미하게 느껴져 매우 허전하고 쓸쓸함
受驗	수험	시험을 치름
試驗	시험	재능이나 실력 따위를 일정한 절차에 따라 검사하고 평가하는 일
實驗	실험	① 실제로 시험함 ② 과학에서, 이론이나 현상을 관찰하고 측정함
體驗	체험	직접 경험함
賢明	현명	어질고 사리에 밝음
聖賢	성현	성인과 현인
協同	협동	서로 마음과 힘을 합함
協助	협조	힘을 모아 서로 도움
記號	기호	어떠한 뜻을 나타내기 위하여 적는 부호, 문자, 표시 등을 통틀어 이르는 말
呼名	호명	이름을 부름
點呼	점호	한 사람씩 이름을 불러 인원이 맞는가를 알아봄
財貨	재화	재물. 사람의 욕망을 만족시키는 물질
貨物	화물	운반할 수 있는 유형의 재화나 물품을 통틀어 이르는 말
外貨	외화	외국의 화폐
通貨	통화	한 나라 안에서 통용되고 있는 화폐
效果	효과	① 보람이 있는 좋은 결과 ② 연극, 영화, 방송에서 그 장면에 알맞은 분위기를 인위적으로 만들어 실감을 자아내는 일
發效	발효	조약, 법, 공문서 따위의 효력이 나타남
問候	문후	웃어른의 안부를 물음
全天候	전천후	어떠한 기상 조건에도 제 기능을 다할 수 있음
氣候	기후	기온, 비, 눈, 바람 따위의 대기상태
吸着	흡착	어떤 물질이 달라붙음
吸收	흡수	① 빨아서 거두어들임 ② 외부에 있는 사람이나 사물 따위를 내부로 모아들임

한자어	독음	뜻
呼吸	호흡	숨을 쉼
興味	흥미	① 흥을 느끼는 재미 ② 어떤 대상에 대한 특별한 관심
復興	부흥	쇠퇴하였던 것이 다시 일어남. 또는 그렇게 되게 함
新興	신흥	새로 일어남
餘興	여흥	놀이 끝에 맘아 있는 흥. 나머지 흥취
希望	희망	앞일에 대하여 어떤 기대를 가지고 바람
希求	희구	바라고 구함

유의어				유의어	
街(거리 가)	=	道(길 도)	起(일어날 기)	=	立(설 립)
街(거리 가)	=	路(길 로)	技(재주 기)	=	藝(재주 예)
歌(노래 가)	=	曲(노래 곡)	暖(따뜻할 난)	=	熱(더울 열)
歌(노래 가)	=	謠(노래 요)	納(들일 납)	=	入(들 입)
甲(껍질 갑)	=	皮(겉 피)	冷(찰 냉)	=	寒(찰 한)
康(편안 강)	=	健(굳셀 건)	努(힘쓸 노)	=	力(힘 력)
講(익힐 강)	=	習(익힐 습)	勞(일할 노)	=	務(힘쓸 무)
降(내릴 강)	=	下(아래 하)	斷(끊을 단)	=	決(결단할 결)
居(살 거)	=	住(살 주)	單(홑 단)	=	獨(홀로 독)
建(세울 건)	=	興(일 흥)	端(끝 단)	=	末(끝 말)
檢(검사할 검)	=	査(조사할 사)	斷(끊을 단)	=	切(끊을 절)
檢(검사할 검)	=	視(볼 시)	斷(끊을 단)	=	絶(끊을 절)
檢(검사할 검)	=	察(살필 찰)	達(이를 달)	=	成(이룰 성)
境(지경 경)	=	界(지경 계)	發(필 발)	=	興(일 흥)
警(경계할 경)	=	戒(경계할 계)	保(지킬 보)	=	守(지킬 수)
經(지날 경)	=	理(다스릴 리)	福(복 복)	=	慶(경사 경)
經(지날 경)	=	營(경영할 영)	復(돌아올 복)	=	歸(돌아갈 귀)
慶(경사 경)	=	祝(빌 축)	舍(집 사)	=	屋(집 옥)
繼(이을 계)	=	續(이을 속)	査(조사할 사)	=	察(살필 찰)
溪(시내 계)	=	川(내 천)	舍(집 사)	=	宅(집 택)
觀(볼 관)	=	察(살필 찰)	想(생각 상)	=	念(생각 념)
群(무리 군)	=	衆(무리 중)	姓(성씨 성)	=	氏(성씨 씨)
權(권세 권)	=	勢(형세 세)	素(바탕 소)	=	質(바탕 질)
均(고를 균)	=	調(고를 조)	修(닦을 수)	=	習(익힐 습)
極(다할 극)	=	端(끝 단)	收(거둘 수)	=	拾(주울 습)
記(기록할 기)	=	錄(기록할 록)	收(거둘 수)	=	集(모을 집)

可(옳을 가)	↔	否(아닐 부)	
加(더할 가)	↔	減(덜 감)	
干(마를 간)	↔	滿(가득 찰 만)	
開(열 개)	↔	閉(닫을 폐)	
巨(클 거)	↔	細(가늘 세)	
京(서울 경)	↔	鄕(시골 향)	
繼(이을 계)	↔	絕(끊을 절)	
功(공 공)	↔	罪(허물 죄)	
官(벼슬 관)	↔	民(백성 민)	
起(일어날 기)	↔	結(맺을 결)	
起(일어날 기)	↔	伏(엎드릴 복)	
暖(따뜻할 난)	↔	冷(찰 랭)	
同(같을 동)	↔	異(다를 이)	
得(얻을 득)	↔	失(잃을 실)	
登(오를 등)	↔	降(내릴 강)	
發(떠날 발)	↔	着(붙을 착)	
方(모 방)	↔	圓(둥글 원)	
悲(슬플 비)	↔	樂(즐길 락)	
氷(얼음 빙)	↔	炭(숯 탄)	
散(흩어질 산)	↔	會(모일 회)	
殺(죽일 살)	↔	活(살 활)	
賞(상줄 상)	↔	罰(허물 죄)	

生(살 생)	↔	殺(죽일 살)
細(가늘 세)	↔	大(큰 대)
收(거둘 수)	↔	給(줄 급)
授(줄 수)	↔	受(받을 수)
受(받을 수)	↔	與(줄 여)
收(거둘 수)	↔	支(지탱할 지)
順(순할 순)	↔	逆(거스를 역)
安(편안 안)	↔	危(위태할 위)
與(더불 여)	↔	野(들 야)
往(갈 왕)	↔	復(돌아올 복)
陰(그늘 음)	↔	陽(볕 양)
尊(높을 존)	↔	下(아래 하)
眞(참 진)	↔	假(거짓 가)
集(모을 집)	↔	散(흩어질 산)
出(날 출)	↔	納(들일 납)
忠(충성 충)	↔	逆(거스를 역)
向(향할 향)	↔	背(등 배)
虛(빌 허)	↔	實(열매 실)
呼(부를 호)	↔	應(응할 응)
呼(숨 내쉴 호)	↔	吸(숨 들이쉴 흡)
興(흥할 흥)	↔	亡(망할 망)
興(흥할 흥)	↔	敗(패할 패)

한자	독음	뜻
甲男乙女	갑남을녀	갑이란 남자와 을이란 여자라는 뜻으로, 평범한 사람들을 이르는 말
江湖煙波	강호연파	강이나 호수 위에 안개처럼 보얗게 이는 기운. 대자연의 풍경
居安思危	거안사위	평안할 때에도 위험과 곤란이 닥칠 것을 생각하며 잊지 말고 미리 대비해야 함
見危授命	견위수명	위험을 보면 목숨을 바친다는 뜻으로, 나라의 위태로운 지경을 보고 목숨을 바쳐 나라를 위해 싸우는 것을 말함
結者解之	결자해지	맺은 사람이 풀어야 한다는 뜻으로, 자기가 저지른 일은 자기가 해결하여야 함을 이르는 말
起死回生	기사회생	죽음에 처했다가 겨우 살아남. 중병으로 죽을 뻔하다가 다시 살아남
空理空論	공리공론	실천이 따르지 아니하는, 헛된 이론이나 논의
共存共榮	공존공영	함께 존재하고 함께 번영함
光陰如流	광음여류	세월이 흐르는 물과 같이 한번 지나면 되돌아오지 않음을 비유적으로 이르는 말
句句節節	구구절절	말 한 마디 한 마디마다
口傳心授	구전심수	입으로 전하여 주고 마음으로 가르친다는 뜻으로, 일상생활을 통하여 자기도 모르는 사이에 몸에 배도록 가르침을 이르는 말
權不十年	권불십년	권세는 십 년을 가지 못한다는 뜻으로, 아무리 높은 권세라도 오래가지 못함을 이르는 말
近朱者赤	근주자적	붉은빛에 가까이 하면 반드시 붉게 된다는 뜻으로, 주위 환경이 중요하다는 것을 이르는 말
難兄難弟	난형난제	누구를 형이라 하고 누구를 아우라 하기 어렵다는 뜻으로, 두 사물이 비슷하여 낫고 못함을 정하기 어려움을 이르는 말.
怒甲移乙	노갑이을	갑에게서 당한 노여움을 을에게 옮긴다는 뜻으로, 어떠한 사람에게서 당한 노여움을 애꿎은 다른 사람에게 화풀이함을 이르는 말
怒氣登天	노기등천	성이 하늘을 찌를 듯이 머리끝까지 치받쳐 있음
老當益壯	노당익장	늙었지만 의욕이나 기력은 점점 좋아짐. 老益壯(노익장)
怒發大發	노발대발	몹시 노하여 펄펄 뛰며 성을 냄
多多益善	다다익선	많으면 많을수록 더욱 좋다는 말
斷金之交	단금지교	쇠라도 자를 만큼 강한 교분이라는 뜻으로, 매우 두터운 우정을 이르는 말

한자	독음	뜻
單刀直入	단도직입	혼자서 칼을 휘두르고 거침없이 적진으로 쳐들어간다는 뜻으로, 여러 말을 늘어놓지 아니하고 바로 그 요점으로 풀이하여 들어감
單一民族	단일민족	한 나라의 주민이 단일한 인종으로 구성되어 있는 민족
大同小異	대동소이	큰 차이 없이 거의 같음
徒勞無功	도로무공	헛되이 애만 쓰고 아무런 보람이 없음. 徒勞無益(도로무익)
道不拾遺	도불습유	길에 떨어진 것을 줍지 않는다는 뜻으로, 나라가 잘 다스려져 백성의 풍속이 돈후함을 비유해 이르는 말
讀書三餘	독서삼여	책을 읽기에 적당한 세 가지 한가한 때. 겨울, 밤, 비가 올 때를 이름
同名異人	동명이인	같은 이름을 가진 서로 다른 사람
同心協力	동심협력	마음을 같이하여 서로 도움
得失相半	득실상반	이익과 손해가 서로 엇비슷함
得意滿面	득의만면	일이 뜻대로 이루어져 기쁜 표정이 얼굴에 가득함
得意之秋	득의지추	일이 뜻대로 이루어졌거나 이루어질 좋은 기회
得一忘十	득일망십	한 가지 일을 알면 다른 열 가지 일을 잊어버린다는 뜻으로, 기억력이 좋지 못함을 이르는 말
燈下不明	등하불명	등잔 밑이 어둡다는 뜻으로, 가까이에 있는 물건이나 사람을 잘 찾지 못함을 이르는 말
燈火可親	등화가친	등불을 가까이할 만하다는 뜻으로, 서늘한 가을밤은 등불을 가까이 하여 글 읽기에 좋음을 이르는 말
莫上莫下	막상막하	더 낫고 더 못함의 차이가 거의 없음
莫逆之友	막역지우	서로 거스름이 없는 친구라는 뜻으로, 허물이 없이 아주 친한 친구를 이르는 말 莫逆之間(막역지간)
萬古絕色	만고절색	고금에 예가 없이 뛰어난 미색, 미인
萬古絕唱	만고절창	만고에 비길 데가 없는 뛰어난 명창
滿面愁色	만면수색	얼굴에 가득 찬 수심의 빛

한자	독음	뜻
滿面春風	만면춘풍	기쁨에 넘치는 얼굴
滿面喜色	만면희색	얼굴에 가득히 나타나는 기쁜 빛
萬物之衆	만물지중	온갖 것
萬病通治	만병통치	어떤 한 가지 약이 여러 가지 병에 다 효력이 있음
萬死餘生	만사여생	꼭 죽을 고비를 면하여 살게 된 목숨
滿場一致	만장일치	모든 사람의 의견이 같음
亡國罪人	망국죄인	나라를 망친 죄인
忘年之交	망년지교	나이에 거리끼지 않고 허물없이 사귄 벗. 忘年之友(망년지우)
名不虛傳	명불허전	명성이나 명예가 헛되이 퍼진 것이 아니라는 뜻으로, 이름날 만한 까닭이 있음을 이르는 말
妙技百出	묘기백출	갖가지 묘기가 쏟아져 나옴
務實力行	무실역행	참되고 실속 있도록 힘써 실행함
密語相通	밀어상통	남몰래 서신으로 서로 의사를 통함
密雲不雨	밀운불우	짙은 구름이 끼어 있으나 비가 오지 않는다는 뜻으로, 어떤 일의 징조만 있고 그 일은 이루어지지 않음
伏地不動	복지부동	땅에 엎드려 움직이지 않는다는 뜻으로, 주어진 일을 처리하는데 몸을 사린다는 말
背恩忘德	배은망덕	남에게 입은 은덕을 저버리고 배신하는 태도가 있음
百年佳約	백년가약	젊은 남녀가 부부가 되어 평생을 같이 지낼 것을 굳게 다짐하는 아름다운 언약
百藥無效	백약무효	좋다는 약을 다 써도 병이 낫지 않음. 온갖 약이 다 효험이 없음
百害無益	백해무익	해롭기만 하고 하나도 이로운 바가 없음
復命復唱	복명복창	상관으로부터 명령과 임무를 받으면서 그 내용을 되풀이 말하며 틀림없이 그 일을 해내겠다는 뜻을 나타내는 일
不協和音	불협화음	둘 이상의 음이 동시에 날 때, 서로 어울리지 아니하여 불안정한 느낌을 주는 음
飛鳥不入	비조불입	날아다니는 새도 들어갈 수 없다는 뜻으로, 성이나 진지 따위의 방비가 빈틈없이 완벽함을 이르는 말

한자	독음	뜻
氷炭之間	빙탄지간	얼음과 숯 사이란 뜻으로, 서로 화합할 수 없는 사이를 이르는 말
四書三經	사서삼경	유교의 대표적 경전으로 논어, 맹자, 중용, 대학의 사서(四書)와 시경, 서경, 역경 또는 주역의 삼경(三經)을 말함
事必歸正	사필귀정	모든 일은 반드시 바른길로 돌아감
殺身成仁	살신성인	자신의 몸을 죽여 인을 이룬다는 뜻으로, 자기의 몸을 희생하여 옳은 도리를 행함
先發制人	선발제인	① 남의 꾀를 먼저 알아차리고 일이 생기기 전에 미리 막아 냄 ② 남보다 앞서 일을 도모하면 능히 남을 누를 수 있다는 뜻으로, 아무도 하지 않는 일을 남보다 앞서 하면 유리함을 이르는 말. 先則制人(선측제인)
修己治人	수기치인	자신의 몸과 마음을 닦은 후에 남을 다스림
首尾相應	수미상응	서로 응하여 도와줌
識字憂患	식자우환	학식이 있는 것이 오히려 근심을 사게 됨
身言書判	신언서판	인물을 선택하는 데 표준으로 삼던 조건. 곧 신수, 말씨, 문필, 판단력의 네 가지를 이름
信賞必罰	신상필벌	상을 줄 만한 사람에게는 꼭 상을 주고, 벌을 줄만 한 사람에게는 꼭 벌을 줌
實學思想	실학사상	조선시대 임진왜란, 병자호란 뒤에 성리학의 공리공론에 반대하여 실생활에 유익됨을 목표로 연구하던 학문
十指不動	십지부동	열 손가락을 꼼짝하지 아니한다는 뜻으로, 게을러서 아무 일도 하지 아니함을 이르는 말
藥房甘草	약방감초	무슨 일이나 빠짐없이 낌. 반드시 끼어야 하는 사물
養虎遺患	양호유환	호랑이 새끼를 길러 근심거리를 일부러 만든다는 뜻으로, 화근이 되는 것을 길러 나중에 화를 당함을 비유함
言語道斷	언어도단	말할 길이 끊어졌다는 뜻으로, 어이가 없어서 말하려 해도 말할 수 없음
牛耳讀經	우이독경	쇠귀에 경 읽기라는 뜻으로, 아무리 가르치고 일러 주어도 알아듣지 못함을 이르는 말
如坐針席	여좌침석	바늘방석에 앉은 것 같다는 뜻으로, 몹시 거북하고 불안함을 이르는 말
異口同聲	이구동성	입은 다르지만 하는 말은 같다는 뜻으로, 여러 사람의 말이 한결같음을 이르는 말
以熱治熱	이열치열	열은 열로써 다스린다는 뜻으로, 힘에는 힘으로 또는 강한 것에는 강한 것으로 상대함을 이르는 말
理判事判	이판사판	이판과 사판이 붙어서 된 말로, 막다른 데 이르러 어찌할 수 없게 된 지경을 뜻함

한자	독음	뜻
利害得失	이해득실	이로움과 해로움과 얻음과 잃음을 아울러 이르는 말
益者三友	익자삼우	사귀어 자기에게 유익한 세 부류의 벗이라는 뜻으로, 정직한 사람, 친구의 도리를 지키는 사람, 지식이 있는 사람을 이르는 말
因果應報	인과응보	원인과 결과는 서로 물고 물린다는 뜻으로, 좋은 일에는 좋은 결과가 나쁜 일에는 나쁜 결과가 따름
一刀兩斷	일도양단	①칼로 무엇을 대번에 쳐서 두 도막을 냄 ② 어떤 일을 머뭇거리지 아니하고 선뜻 결정함
一罰百戒	일벌백계	한 사람을 벌주어 백 사람을 경계한다는 뜻으로, 다른 사람들에게 경각심을 불러일으키기 위하여 본보기로 한 사람에게 엄한 처벌을 하는 일을 이르는 말
一笑一少	일소일소	한 번 웃으면 그만큼 젊어짐
一心專力	일심전력	한 마음 한 뜻으로 힘을 다함
一字無識	일자무식	한 글자도 알지 못함
一寸光陰	일촌광음	매우 짧은 시간
自強不息	자강불식	스스로 힘을 쓰고 몸과 마음을 가다듬어 쉬지 아니함
自業自得	자업자득	자기가 저지른 일의 결과를 자기가 받음
自他共認	자타공인	자기나 남들이 다 같이 인정함
適者生存	적자생존	환경에 적응하는 생물만이 살아남고, 그렇지 못한 것은 도태되어 멸망하는 현상
適材適所	적재적소	알맞은 인재를 알맞은 자리에 씀. 또는 그런 자리
絕世佳人	절세가인	세상에 비할 데 없이 아름다운 여자
絕體絕命	절체절명	궁지에 몰려 살아날 길이 없게 된 막다른 처지
足脫不及	족탈불급	맨발로 뛰어도 따라가지 못한다는 뜻으로, 능력이나 재질·역량 따위가 뚜렷한 차이가 있음을 이르는 말
種豆得豆	종두득두	콩을 심으면 반드시 콩이 나온다는 뜻으로, 원인에 따라 결과가 생김을 이르는 말
坐井觀天	좌정관천	우물 속에 앉아서 하늘을 본다는 뜻으로, 사람의 견문이 매우 좁음을 이르는 말
晝夜不息	주야불식	밤낮으로 쉬지 아니함

한자	독음	뜻
衆口難防	중구난방	뭇사람의 말을 막기가 어렵다는 뜻으로, 막기 어려울 정도로 여럿이 마구 지껄임을 이르는 말
至高至純	지고지순	더할 수 없이 높고 순수함
指呼之間	지호지간	손짓하여 부를 만큼 가까운 거리
進退兩難	진퇴양난	이러지도 저러지도 못하는 어려운 처지
忠言逆耳	충언역이	충직한 말은 귀에 거슬림
寸鐵殺人	촌철살인	한 치의 쇠붙이로도 사람을 죽일 수 있다는 뜻으로, 간단한 말로도 남을 감동하게 하거나 남의 약점을 찌를 수 있음을 이르는 말.
治山治水	치산치수	산과 내를 잘 관리하고 돌봐서 가뭄이나 홍수 따위의 재해를 입지 아니하도록 예방함
破器相接	파기상접	깨진 그릇 맞추기라는 뜻으로, 이미 망그러진 일을 고치고자 쓸데없이 애를 씀을 이르는 말
破竹之勢	파죽지세	대를 쪼개는 기세라는 뜻으로, 적을 거침없이 물리치고 쳐들어가는 기세를 이르는 말
風前燈火	풍전등화	①바람 앞의 등불이라는 뜻으로, 사물이 매우 위태로운 처지에 놓여 있음을 이르는 말 ②사물이 덧없음을 비유적으로 이르는 말
布衣之交	포의지교	베옷을 입고 다닐 때의 사귐이라는 뜻으로, 벼슬을 하기 전 선비 시절에 사귐
風雲造化	풍운조화	바람이나 구름의 예측하기 어려운 변화
皮骨相接	피골상접	살가죽과 뼈가 맞붙을 정도로 몹시 마름
虛名無實	허명무실	헛된 이름뿐이고 실속이 없음
虛送歲月	허송세월	하는 일 없이 세월만 헛되이 보냄
虛虛實實	허허실실	허를 찌르고 실을 꾀하는 계책
呼兄呼弟	호형호제	서로 형이니 아우니 하고 부른다는 뜻으로, 매우 가까운 친구로 지냄을 이르는 말

간체자	발음	HSK 어휘
街	[jiē]	街道 [jiēdào] 길
假	[jiǎ]	假如 [jiǎrú] 만약, 虚假 [xūjiǎ] 허구(의), 假的 [jiǎde] 가짜
干	[gān]	若干 [ruògān] 약간(의), 干净 [gānjìng] 깨끗하다, 干杯 [gānbēi] 건배하다 干燥 [gānzào] 건조하다
甲	[jiǎ]	指甲 [zhǐjia] 손톱
降	[jiàng], [xiáng]	降低 [jiàngdī] 낮추다, 降落 [jiàngluò] 낙하하다, 投降 [tóuxiáng] 투항하다
讲	[jiǎng]	讲究 [jiǎngjiu] 꼼꼼히 하다, 讲座 [jiǎngzuò] 강좌, 演讲 [yǎnjiǎng] 강연
康	[kāng]	健康 [jiànkāng] 건강하다
居	[jū]	居住 [jūzhù] 거주하다, 居民 [jūmín] 주민, 居然 [jūrán] 뜻밖에
检	[jiǎn]	检查 [jiǎnchá] 검사하다, 检讨 [jiǎntǎo] 검토하다
俭	[jiǎn]	勤俭 [qínjiǎn] 부지런하다
洁	[jié]	纯洁 [chúnjié] 순결하다, 清洁 [qīngjié] 깨끗하다
警	[jǐng]	警察 [jǐngchá] 경찰, 警告 [jǐnggào] 경고하다
庆	[qìng]	庆祝 [qìngzhù] 경축하다, 庆典 [qìngdiǎn] 축전, 축하 의식
更	[gēng], [gèng]	更新 [gēngxīn] 새롭게 바뀌다, 更正 [gēngzhèng] 잘못을 고치다 自力更生 [zìlìgēngshēng] 스스로의 힘으로 일어나다
境	[jìng]	环境 [huánjìng] 환경, 境界 [jìngjiè] 경계
经	[jīng]	经常 [jīngcháng] 늘, 经理 [jīnglǐ] 경영관리하다, 经验 [jīngyàn] 경험하다 经典 [jīngdiǎn] 경전, 经费 [jīngfèi], 神经 [shénjīng] 신경
庚	[gēng]	庚 [gēng] 일곱째 천간, 나이
戒	[jiè]	戒指(儿) [jièzhi(r)] 반지
溪	[xī]	溪水 [xīshuǐ] 시냇물, 개울물
继	[jì]	继承 [jìchéng] 계승하다, 继续 [jìxù] 계속
癸	[guǐ]	癸 [guǐ] 열째 천간, 맨 마지막
库	[kù]	车库 [chēkù] 차고, 仓库 [cāngkù] 창고, 곡식 창고

간체자	발음	HSK 어휘
谷	[gǔ]	峡谷 [xiágǔ] 골짜기, 협곡, 稻谷 [dàogǔ] 벼 *穀(곡식 곡)의 간체자
官	[guān]	官方 [guānfāng] 정부측, 器官 [qìguān] (생물의) 기관
究	[jiū]	研究 [yánjiū] 연구하다, 终究 [zhōngjiū] 결국
句	[jù]	句子 [jùzi] 문장
群	[qún]	群众 [qúnzhòng] 대중
权	[quán]	权力 [quánlì] 권력, 权利 [quánlì] 권리, 权威 [quánwēi] 권위, 政权 [zhèngquán] 정권 主权 [zhǔquán] 주권
归	[guī]	归纳 [guīnà] 귀납하다, 归还 [guīhuán] 되돌려주다, 归根到底 [guī gēn dào dǐ] 결국
均	[jūn]	平均 [píngjūn] 평균(적인)
禁	[jìn]	禁止 [jìnzhǐ] 금지하다
其	[qí]	其实 [qíshí] 사실은, 其他 [qítā] 기타, 其中 [qízhōng] 그 중, 极其 [jíqí] 매우 其余 [qíyú] 나머지, 与其 [yǔqí] ~하느니
起	[qǐ]	对不起 [duì bu qǐ] 미안하다, 一起 [yìqǐ] 함께, 起来 [qǐlai] 일어나다, 起飞 [qǐfēi] 이륙 引起 [yǐnqǐ] 야기하다, 看不起 [kàn bu qǐ] 깔보다
暖	[nuǎn]	暖和 [nuǎnhuo] 따뜻하다, 温暖 [wēnnuǎn] 따뜻하다
难	[nán]	难过 [nánguò] 괴롭다, 难受 [nánshòu] 견디기 어렵다
纳	[nà]	容纳 [róngnà] 받아들이다
乃	[nǎi]	乃 [nǎi] 너, 바로 ~이다
怒	[nù]	愤怒 [fènnù] 분노하다
努	[nǔ]	努力 [nǔlì] 노력하다
断	[duàn]	判断 [pànduàn] 판단, 不断 [búduàn] 끊임없이, 片断 [piànduàn] 단편 果断 [guǒduàn] 결단력 있는, 断定 [duàndìng] 결론(짓다)
坛	[tán]	论坛 [lùntán] 평론계, 文坛 [wéntán] 문단, 문학계
端	[duān]	端正 [duānzhèng] 단정하다, 极端 [jíduān] 극단(적인)
单	[dān], [dǎn], [shàn], [chán]	单纯 [dānchún] 단순하다, 单调 [dāndiào] 단조롭다, 单独 [dāndú] 단독(의) 单元 [dānyuán] 단원, 传单 [chuándān] 전단(지)

간체자	발음	HSK 어휘
达	[dá]	表达 [biǎodá] 표현하다, 达到 [dádào] 도착하다, 发达 [fādá] 발달하다 传达 [chuándá] 전달하다, 达成 [dáchéng] 달성하다
队	[duì]	军队 [jūnduì] 군대, 队长 [duìzhǎng] 대장
徒	[tú]	徒弟 [túdì] 제자
得	[dé], [děi], [de]	得意 [déyì] 마음에 들다, 难得 [nándé] 구하기 어렵다, 一举两得 [yìjǔliǎngdé] 일거양득
灯	[dēng]	信号灯 [xìnhàodēng] 신호등, 电灯 [diàndēng] 전등
略	[lüè]	省略 [shěnglüè] 생략하다, 战略 [zhànlüè] 전략
连	[lián]	连续 [liánxù] 연속하다
列	[liè]	列车 [lièchē] 열차, 行列 [hángliè] 대열, 列举 [lièjǔ] 열거하다
烈	[liè]	强烈 [qiángliè] 강렬하다, 热烈 [rèliè] 열렬하다, 壮烈 [zhuàngliè] 장렬하다
录	[lù]	记录 [jìlù] 기록하다, 录取 [lùqǔ] 채용하다, 录音 [lùyīn] 녹음하다, 登录 [dēnglù] 등록하다
论	[lùn]	结论 [jiélùn] 결론, 理论 [lǐlùn] 이론, 论文 [lùnwén] 논문, 议论 [yìlùn] 논의하다 争论 [zhēnglùn] 논쟁하다, 无论 [wúlùn] ~에도 상관없이
伦	[lún]	五伦 [wǔlún] 오륜, 天伦之乐 [tiānlúnzhīlè] 가족이 누리는 단란함
莫	[mò]	莫名其妙 [mòmíngqímiào] 영문을 모르다
满	[mǎn]	满意 [mǎnyì] 만족하다, 充满 [chōngmǎn] 가득차다
忘	[wàng]	忘记 [wàngjì] 잊어버리다
牧	[mù]	畜牧 [xùmù] 목축
妙	[miào]	巧妙 [qiǎomiào] 교묘하다, 美妙 [měimiào] 아름답다, 奇妙 [qímiào] 신기하다
卯	[mǎo]	卯 [mǎo] 넷째 지지
戊	[wù]	戊 [wù] 다섯째 천간
务	[wù]	家务 [jiāwù] 집안일, 商务 [shāngwù] 비즈니스, 业务 [yèwù] 업무, 义务 [yìwù] 의무 公务 [gōngwù] 공무, 事务 [shìwù] 사무
密	[mì]	精密 [jīngmì] 세밀하다, 密度 [mìdù] 비중, 亲密 [qīnmì] 친밀하다
饭	[fàn]	饭店 [fàndiàn] 호텔, 米饭 [mǐfàn] 쌀밥
防	[fáng]	国防 [guófáng] 국방, 消防 [xiāofáng] 소방, 防守 [fángshǒu] 막아 지키다 防止 [fángzhǐ] 방지하다

간체자	발음	HSK 어휘
房	[fáng]	房间 [fángjiān] 방, 房东 [fángdōng] 집주인
访	[fǎng]	拜访 [bàifǎng] 예방하다, 访问 [fǎngwèn] 방문하다
背	[bèi], [bēi]	背景 [bèijǐng] 배경, 后背 [hòubèi] 등, 후방
罚	[fá]	罚款 [fákuǎn] 벌금(을 내다), 惩罚 [chéngfá] 징벌하다
丙	[bǐng]	丙 [bǐng] 셋째 천간
宝	[bǎo]	宝贝 [bǎobèi] 보물, 宝贵 [bǎoguì] 소중하다
保	[bǎo]	保守 [bǎoshǒu] 지키다, 保持 [bǎochí] 유지하다, 保养 [bǎoyǎng] 보양하다 保重 [bǎozhòng] 건강에 주의하다
伏	[fú]	起伏 [qǐfú] 기복하다
复	[fù]	复习 [fùxí] 복습하다, 反复 [fǎnfù] 반복하다, 报复 [bàofù] 보복하다 复活 [fùhuó] 부활, 复兴 [fùxīng] 부흥하다
否	[fǒu]	否定 [fǒudìng] 부정하다, 否决 [fǒujué] 부결하다, 否则 [fǒuzé] 그렇지 않으면
佛	[fó], [fú]	仿佛 [fǎngfú] 마치 ~인듯 하다, 佛教 [Fójiào] 불교
飞	[fēi]	飞机 [fēijī] 비행기, 起飞 [qǐfēi] 이륙하다, 飞跃 [fēiyuè] 비약하다
悲	[bēi]	悲观 [bēiguān] 비관(적이다), 悲哀 [bēi'āi] 슬퍼하다, 悲惨 [bēicǎn] 비참하다
巳	[sì]	巳 [sì] 여섯째 지지
丝	[sī]	丝绸 [sīchóu] 비단, 丝毫 [sīháo] 조금, 丝丝 [sīsī] 가느다란 모양 一丝不苟 [yì sī bù gǒu] 조금도 소홀히 하지 않다
寺	[sì]	寺庙 [sìmiào] 절
舍	[shè], [shě]	宿舍 [sùshè] 기숙사
散	[sǎn]	散步 [sànbù] 산책하다, 分散 [fēnsàn] 분산하다, 散发 [sànfā] 뿌리다 散文 [sǎnwén] 산문
杀	[shā]	抹杀 [mǒshā] 말살하다, 杀害 [shāhài] 살해하다
状	[zhuàng]	现状 [xiànzhuàng] 현상
想	[xiǎng]	理想 [lǐxiǎng] 이상, 感想 [gǎnxiǎng] 감상, 思想 [sīxiǎng] 의식 想念 [xiǎngniàn] 그리워하다, 空想 [kōngxiǎng] 공상
床	[chuáng]	起床 [qǐchuáng] 일어나다, 临床 [línchuáng] 임상(의), 床单(儿) [chuángdān(r)] 침대보

간체자	발음	HSK 어휘
声	[shēng]	声音 [shēngyīn] 목소리, 声调 [shēngdiào] 말투, 声明 [shēngmíng] 성명
细	[xì]	详细 [xiángxì] 상세하다, 仔细 [zǐxì] 자세하다, 细节 [xìjié] 세부 내용 细胞 [xìbāo] 세포, 细菌 [xìjūn] 세균, 细致 [xìzhì] 섬세하다
税	[shuì]	关税 [guānshuì] 관세, 税金 [shuìjīn] 세금
扫	[sǎo]	打扫 [dǎsǎo] 청소하다
笑	[xiào]	开玩笑 [kāi wánxiào] 농담하다, 笑话 [xiàohua] 농담, 微笑 [wēixiào] 미소
素	[sù]	因素 [yīnsù] 구성 요소, 朴素 [pǔsù] 소박하다, 素质 [sùzhì] 본질 维生素 [wéishēngsù] 비타민, 要素 [yàosù] 요소, 元素 [yuánsù] 원소
续	[xù]	持续 [chíxù] 지속하다, 连续 [liánxù] 계속하다, 陆续 [lùxù] 잇따라 手续 [shǒuxù] 수속, 코스, 延续 [yánxù] 계속
俗	[sú]	风俗 [fēngsú] 풍속, 俗话(儿) [súhuà(r)] 속담, 通俗 [tōngsú] 통속적이다 习俗 [xísú] 습관
松	[sōng]	放松 [fàngsōng] 늦추다, 轻松 [qīngsōng] 가뿐하다 *鬆(더벅머리/느슨할 송)의 간체자
收	[shōu]	收入 [shōurù] 받아들이다, 收拾 [shōushi] 거두다, 收获 [shōuhuò] 수확하다 吸收 [xīshōu] 흡수하다, 丰收 [fēngshōu] 풍작, 回收 [huíshōu] 회수하다
愁	[chóu]	发愁 [fāchóu] 근심하다, 忧愁 [yōuchóu] 우울하다, 걱정스럽다
修	[xiū]	修理 [xiūlǐ] 수리하다, 维修 [wéixiū] 보수하다, 修建 [xiūjiàn] 시공하다,
受	[shòu]	接受 [jiēshòu] 받아들이다, 难受 [nánshòu] 괴롭다, 受不了 [shòu bu liǎo] 참을 수 없다 感受 [gǎnshòu] 감당하다, 受伤 [shòushāng] 상처를 입다
授	[shòu]	教授 [jiàoshòu] 가르치다, 传授 [chuánshòu] 전수하다, 授予 [shòuyǔ] 수여하다
纯	[chún]	单纯 [dānchún] 단순하다, 纯粹 [chúncuì] 순수하다, 纯洁 [chúnjié] 순결하다
戌	[xū]	戌 [xū] 열한 번째 지지
拾	[shí]	收拾 [shōushi] 정리하다
承	[chéng]	承受 [chéngshòu] 감당하다, 承担 [chéngdān] 담당하다, 承包 [chéngbāo] 맡다
息	[xī]	休息 [xiūxi] 쉬다, 消息 [xiāoxi] 소식, 利息 [lìxī] 이자, 作息 [zuòxī] 일을 쉬다 川流不息 [chuān liú bù xī] 냇물처럼 끊임없이 오가다
识	[shí], [zhì]	认识 [rènshi] 알다, 知识 [zhīshi] 지식, 常识 [chángshí] 상식, 识别 [shíbié] 식별하다 意识 [yìshí] 깨닫다, 见多识广 [jiàn duō shí guǎng] 박식하다
申	[shēn]	申报 [shēnbào] 신고하다, 申请 [shēnqǐng] 신청

간체자	발음	HSK 어휘
我	[wǒ]	我 [wǒ] 나, 我们 [wǒmen] 우리
余(馀)	[yú]	业余 [yèyú] 여가, 其余 [qíyú] 남는, 多余 [duōyú] 나머지의
与	[yǔ], [yú], [yù]	与其 [yǔqí] ~보다는, 与日俱增 [yǔ rì jù zēng] 날이 갈수록 많아지다 参与 [cānyù] 참여하다
逆	[nì]	逆行 [nìxíng] 역류하다
研	[yán], [yàn]	研究 [yánjiū] 연구하다, 钻研 [zuānyán] 탐구하다
烟	[yān]	抽烟 [chōuyān] 담배를 피우다, 黑烟 [hēiyān] 검은 연기, 매연
营	[yíng]	经营 [jīngyíng] 경영하다, 夏令营 [xiàlìngyíng] 여름캠프, 营养 [yíngyǎng] 영양분 营业 [yíngyè] 운영하다
荣	[róng]	繁荣 [fánróng] 번영하다, 光荣 [guāngróng] 영광스럽다, 荣幸 [róngxìng] 영광스럽다 荣誉 [róngyù] 영예
艺	[yì]	艺术 [yìshù] 예술, 工艺品 [gōngyìpǐn] 공예품, 手艺 [shǒuyì] 수공예, 文艺 [wényì] 문예
误	[wù]	误会 [wùhuì] 오해, 失误 [shīwù] 실수하다, 误差 [wùchā] 오차, 误解 [wùjiě] 오해하다
谣	[yáo]	谣言 [yáoyán] 유언비어
曜	[yào]	*星期 [xīngqī] 요일
容	[róng]	容易 [róngyì] 쉽다, 形容 [xíngróng] 용모, 宽容 [kuānróng] 너그럽게 받아들이다 容纳 [róngnà] 용납하다
遇	[yù]	遇到 [yùdào] 마주치다, 待遇 [dàiyù] 대우하다, 机遇 [jīyù] 기회
员	[yuán]	服务员 [fúwùyuán] 종업원, 售货员 [shòuhuòyuán] 매표원, 演员 [yǎnyuán] 연기자 人员 [rényuán] 인원, 成员 [chéngyuán] 구성원
圆	[yuán]	方圆 [fāngyuán] 규칙, 椭圆 [tuǒyuán] 타원, 圆满 [yuánmǎn] 원만하다 团圆 [tuányuán] 함께 모이다
危	[wēi]	危险 [wēixiǎn] 위험, 危害 [wēihài] 해를 끼치다, 危机 [wēijī] 위기
遗	[yí]	遗憾 [yíhàn] 유감스럽다, 遗产 [yíchǎn] 유산, 遗传 [yíchuán] 유전 遗留 [yíliú] 남겨놓다, 遗失 [yíshī] 잃어버리다
酉	[yǒu]	酉 [yǒu] 열째 지지
乳	[rǔ]	哺乳 [bǔrǔ] 젖을 먹이다, 乳房 [rǔfáng] 유방
阴	[yīn]	阴谋 [yīnmóu] 음모, 阴阳 [yīnyáng] 음양

간체자	발음	HSK 어휘
应	[yīng], [yìng]	应该 [yīnggāi] 마땅히 ~해야 한다, 相应 [xiāngyìng] 서로 호응하다
依	[yī]	依然 [yīrán] 전과 다름이 없다, 依旧 [yījiù] 여전하다, 依据 [yījù] 근거 依靠 [yīkào] 의지하다, 依赖 [yīlài] 의지하다
异	[yì]	诧异 [chàyì] 이상하게 생각하다, 日新月异 [rì xīn yuè yì] 나날이 새로워지다 异常 [yìcháng] 이상하다, 优异 [yōuyì] 매우 뛰어나다
移	[yí]	移动 [yídòng] 옮기다, 移民 [yímín] 이민하다
益	[yì]	利益 [lìyì] 이득, 精益求精 [jīng yì qiú jīng] 더 잘하려고 애쓰다, 日益 [rìyì] 날이 갈수록, 收益 [shōuyì] 수익, 效益 [xiàoyì] 효과
印	[yìn]	打印 [dǎyìn] 도장을 찍다/타자(쳐서) 인쇄하다, 复印 [fùyìn] 복사하다 印象 [yìnxiàng] 인상
寅	[yín]	寅 [yín] 셋째 지지
认	[rèn]	认识 [rènshi] 알다, 认为 [rènwéi] ~로 여기다, 认真 [rènzhēn] 성실하다 确认 [quèrèn] 확인하다, 认定 [rèndìng] 인정하다, 认可 [rènkě] 허락하다
壬	[rén]	壬 [rén] 아홉째 천간
壮	[zhuàng]	理直气壮 [lǐ zhí qì zhuàng] 주장이 떳떳하다, 壮观 [zhuàngguān] 장관이다 壮丽 [zhuànglì] 웅장하다, 壮烈 [zhuàngliè] 장렬하다
适	[shì]	合适 [héshì] 적합하다, 适合 [shìhé] 알맞다, 适应 [shìyìng] 적응하다 舒适 [shūshì] 편안하다, 适宜 [shìyí] 적당하다
专	[zhuān]	专门 [zhuānmén] 일부러, 专业 [zhuānyè] 전공, 专家 [zhuānjiā] 전문가 专心 [zhuānxīn] 열심히, 专长 [zhuāncháng] 특기
切	[qiē], [qiè]	一切 [yíqiè] 모두, 密切 [mìqiè] 긴밀하다, 迫切 [pòqiè] 절실하다 亲切 [qīnqiè] 친근하다, 急切 [jíqiè] 절박하다, 确切 [quèqiè] 확실하다
绝	[jué]	拒绝 [jùjué] 거절하다, 绝对 [juéduì] 절대, 杜绝 [dùjué] 막다, 断绝 [duànjué] 끊다 绝望 [juéwàng] 절망, 谢绝 [xièjué] 사양하다
点	[diǎn]	一点儿 [yìdiǎnr] 약간, 地点 [dìdiǎn] 장소, 缺点 [quēdiǎn] 결점, 特点 [tèdiǎn] 장점 重点 [zhòngdiǎn] 중요한 점, 点心 [diǎnxin] 간식
接	[jiē]	接受 [jiēshòu] 받아들이다, 接着 [jiēzhe] 계속해서, 直接 [zhíjiē] 직접 接触 [jiēchù] 닿다, 接待 [jiēdài] 응대, 接近 [jiējìn] 가까이하다
井	[jǐng]	水井 [shuǐjǐng] 우물
除	[chú]	除了 [chúle] 제외하고, 废除 [fèichú] 폐기하다, 解除 [jiěchú] 없애다 开除 [kāichú] 해고하다, 消除 [xiāochú] 제거하다

간체자	발음	HSK 어휘
制	[zhì]	控制 [kòngzhì] 제압하다, 制定 [zhìdìng] 제정하다, 制度 [zhìdù] 제도 制服 [zhìfú] 제복, 制约 [zhìyuē] 제약하다, 制止 [zhìzhǐ] 제지하다
	[zhì]	制造 [zhìzào] 만들다, 制作 [zhìzuò] 만들다
兆	[zhào]	预兆 [yùzhào] 조짐
造	[zào]	造成 [zàochéng] 조성하다, 발생시키다 制造 [zhìzào] 제조하다, (상황·분위기를) 조성하다
尊	[zūn]	尊重 [zūnzhòng] 존중하다, 尊敬 [zūnjìng] 존경하다, 尊严 [zūnyán] 존엄하다
宗	[zōng]	正宗 [zhèngzōng] 정통(의), 宗教 [zōngjiào] 종교
罪	[zuì]	得罪 [dézuì] 죄를 짓다, 受罪 [shòuzuì] 고생하다, 罪犯 [zuìfàn] 범인
朱	[zhū]	朱黄 [zhūhuáng] 주홍색
众	[zhòng]	观众 [guānzhòng] 관중, 群众 [qúnzhòng] 군중 众所周知 [zhòng suǒ zhōu zhī] 모두 알고 있다
持	[chí]	坚持 [jiānchí] 고수하다, 支持 [zhīchí] 지지하다, 保持 [bǎochí] 지키다 主持 [zhǔchí] 주관하다
指	[zhǐ]	手指 [shǒuzhǐ] 손가락, 指导 [zhǐdǎo] 지도하다, 指挥 [zhǐhuī] 지휘하다 指定 [zhǐdìng] 지정하다, 指甲 [zhǐjia] 손톱, 指南针 [zhǐnánzhēn] 나침반
之	[zhī]	百分之 [bǎifēnzhī] 퍼센트, 总之 [zǒngzhī] 요컨데, 反之 [fǎnzhī] 이와 반대로 之际 [zhījì] ~ 무렵
职	[zhí]	职业 [zhíyè] 직업, 辞职 [cízhí] 사직하다, 兼职 [jiānzhí] 겸직하다 就职 [jiùzhí] 취직하다, 职位 [zhíwèi] 직위
辰	[chén]	诞辰 [dànchén] 탄신, 생일(주로 존경하는 사람의 생일을 말함)
着	[zhuó], [zháo], [zhe]	沉着 [chénzhuó] 침착하다, 执着 [zhízhuó] 고집하다, 着手 [zhuóshǒu] 시작하다 着想 [zhuóxiǎng] 생각하다
察	[chá]	警察 [jǐngchá] 경찰, 观察 [guānchá] 관찰하다, 考察 [kǎochá] 고찰하다
唱	[chàng]	唱歌(儿) [chànggē(r)] 노래하다
创	[chuàng], [chuāng]	创立 [chuànglì] 창립하다, 创新 [chuàngxīn] 창조하다, 创业 [chuàngyè] 창업하다
听	[tīng]	倾听 [qīngtīng] 경청하다, 听见 [tīngjiàn] 들리다
请	[qǐng]	请假 [qǐngjià] 휴가를 받다, 邀请 [yāoqǐng] 초청하다, 请教 [qǐngjiào] 가르침을 청하다 请示 [qǐngshì] 지시를 바라다

간체자	발음	HSK 어휘
丑	[chǒu]	丑恶 [chǒu'è] 추악하다 *醜(추할 추)의 간체자
取	[qǔ]	录取 [lùqǔ] 채용하다, 取消 [qǔxiāo] 취소하다, 吸取 [xīqǔ] 섭취하다 争取 [zhēngqǔ] 획득하다
治	[zhì]	政治 [zhèngzhì] 정치, 防治 [fángzhì] 예방치료, 统治 [tǒngzhì] 통치하다 治安 [zhì'ān] 치안, 治理 [zhìlǐ] 다스리다
针	[zhēn]	打针 [dǎzhēn] 주사를 놓다, 针对 [zhēnduì] 조준하다, 方针 [fāngzhēn] 방침 指南针 [zhǐnánzhēn] 나침반
快	[kuài]	快乐 [kuàilè] 즐겁다, 愉快 [yúkuài] 유쾌하다, 赶快 [gǎnkuài] 빨리 尽快 [jǐnkuài] 되도록 빨리, 快活 [kuàihuo] 유쾌하다
炭	[tàn]	煤炭 [méitàn] 석탄
脱	[tuō]	摆脱 [bǎituō] 벗어나다, 脱离 [tuōlí] 떠나다
探	[tàn]	勘探 [kāntàn] 탐사하다, 探测 [tàncè] 관측하다, 探索 [tànsuǒ] 탐색하다 探讨 [tàntǎo] 토론하다, 探望 [tànwàng] 살펴보다, 侦探 [zhēntàn] 탐정
讨	[tǎo]	讨论 [tǎolùn] 토론하다, 讨厌 [tǎoyàn] 싫다, 探讨 [tàntǎo] 토론하다 检讨 [jiǎntǎo] 검토하다, 讨价还价 [tǎo jià huán jià] 가격을 흥정하다
破	[pò]	破产 [pòchǎn] 파산하다, 破坏 [pòhuài] 망가지다, 突破 [tūpò] 돌파하다
板	[bǎn]	黑板 [hēibǎn] 칠판
判	[pàn]	判断 [pànduàn] 판단하다, 谈判 [tánpàn] 협상하다, 裁判 [cáipàn] 재판하다 批判 [pīpàn] 비판하다, 审判 [shěnpàn] 재판하다
闭	[bì]	关闭 [guānbì] 닫다, 闭塞 [bìsè] 막히다, 倒闭 [dǎobì] 도산하다 封闭 [fēngbì] 폐쇄하다
布	[bù]	分布 [fēnbù] 분포하다, 公布 [gōngbù] 공포하다, 遍布 [biànbù] 널리 퍼져있다 布告 [bùgào] 게시하다, 布局 [bùjú] 구성하다, 布置 [bùzhì] 배치 发布 [fābù] 선포하다, 瀑布 [pùbù] 폭포, 散布 [sànbù] 흩어지다
暴	[bào], [pù]	暴力 [bàolì] 폭력, 暴露 [bàolù] 폭로하다, 风暴 [fēngbào] 폭풍
包	[bāo]	面包 [miànbāo] 빵, 包子 [bāozi] 만두, 包裹 [bāoguǒ] 소포, 包袱 [bāofu] 보따리 包围 [bāowéi] 둘러싸다, 打包 [dǎbāo] 포장하다
票	[piào]	股票 [gǔpiào] 주식, 支票 [zhīpiào] 수표, 彩票 [cǎipiào] 복권, 钞票 [chāopiào] 지폐 投票 [tóupiào] 투표하다
亥	[hài]	亥 [hài] 열두째 지지

간체자	발음	HSK 어휘
解	[jiě]	解决 [jiějué] 해결하다, 了解 [liǎojiě] 이해하다, 解释 [jiěshì] 해설하다 理解 [lǐjiě] 이해하다, 缓解 [huǎnjiě] 완화되다, 解除 [jiěchú] 제거하다
乡	[xiāng]	家乡 [jiāxiāng] 고향, 故乡 [gùxiāng] 고향, 乡镇 [xiāngzhèn] 시골
虚	[xū]	谦虚 [qiānxū] 겸허하다, 空虚 [kōngxū] 공허하다, 虚假 [xūjiǎ] 허구(의)
验	[yàn]	经验 [jīngyàn] 경험하다, 测验 [cèyàn] 시험, 实验 [shíyàn] 실험
贤	[xián]	贤慧 [xiánhuì] 현명하다, 贤妻良母 [xiánqīliángmǔ] 현모양처
协	[xié]	齐心协力 [qíxīnxiélì] 한마음으로 협력하다, 妥协 [tuǒxié] 타협하다 协会 [xiéhuì] 협회, 协助 [xiézhù] 협조하다
呼	[hū]	呼吸 [hūxī] 호흡하다, 呼唤 [hūhuàn] 부르다
货	[huò]	售货员 [shòuhuòyuán] 판매원, 货币 [huòbì] 화폐
华	[huá]	豪华 [háohuá] 호화롭다, 繁华 [fánhuá] 번화하다, 华丽 [huálì] 화려하다
效	[xiào]	效率 [xiàolǜ] 효율, 成效 [chéngxiào] 효능, 生效 [shēngxiào] 효력이 있다 效益 [xiàoyì] 효과와 이익
候	[hòu]	气候 [qìhòu] 기후, 问候 [wènhòu] 안부를 묻다, 候选 [hòuxuǎn] 입후보하다
吸	[xī]	吸引 [xīyǐn] 끌어당기다, 呼吸 [hūxī] 호흡하다, 吸取 [xīqǔ] 섭취하다 吸收 [xīshōu] 흡수하다
兴	[xīng]	高兴 [gāoxìng] 기쁘다, 兴奋 [xīngfèn] 흥분하다, 复兴 [fùxīng] 부흥하다
希	[xī]	希望 [xīwàng] 바라다

4급 외 HSK 관련 한자

·淨 깨끗할 정	·粹 순수할 수	·控 당길 공	·裹 쌀 과
·倉 곳집 창	·擔 멜 담	·預 미리 예	·褓 포대기 보
·燥 마를 조	·俱 함께 구	·辭 사양할 사	·圍 둘레 위
·稻 벼 도	·鑽 뚫을 찬	·兼 겸할 겸	·股 넓적다리 고
·峽 골짜기 협	·推 뺄 추	·沉 가라앉을 침	·彩 무늬 채
·憤 성낼 분	·繁 많을 번	·愉 즐거울 유	·鈔 노략질할 초
·畜 쌓을 축	·譽 기릴 예	·趕 달릴 간	·了 헤아릴 료
·倣 본뜰 방	·寬 너그러울 관	·擺 털어버릴 파	·釋 풀 석
·款 돈, 항목 관	·售 팔 수	·勘 헤아릴 감	·緩 느슨할 완
·懲 혼날 징	·楕 길쭉할 타	·測 헤아릴 측	·除 덜 제
·躍 뛸 약	·憾 한할 감	·索 찾을 색	·鎭 누를 진
·慘 참혹할 참	·哺 먹일 포	·偵 정탐할 정	·謙 겸손할 겸
·綢 비단 주	·靠 기댈 고	·厭 싫을 염	·齊 가지런할 제
·苟 구차할 구	·賴 의뢰할 뢰	·壞 무너질 괴	·妥 온당할 타
·抹 지울 말	·詫 속일 타	·突 갑자기 돌	·喚 부를 환
·臨 임할 림	·麗 고울 려	·裁 마를 재	·幣 화폐 폐
·詳 자세할 상	·舒 펼 서	·批 칠 비	·豪 호걸 호
·仔 자세할 자	·宜 마땅할 의	·審 살필 심	·率 거느릴 솔/비율 율
·菌 버섯 균	·杜 막을 두	·塞 막힐 색/변방 새	·奮 떨칠 분
·微 작을 미	·觸 닿을 촉	·封 봉할 봉	
·維 밧줄/벼리 유	·廢 폐할 폐	·倒 넘어질 도	

한자	뜻	간체자	발음
講習	강습	讲习	[jiǎngxí]
健康	건강	健康	[jiànkāng]
居住	거주	居住	[jūzhù]
居民	주민, 거(주)민	居民	[jūmín]
檢查	검사	检查	[jiǎnchá]
純潔	순결	纯洁	[chúnjié]
警戒	경계	警戒	[jǐngjiè]
警察	경찰	警察	[jǐngchá]
警報	경보	警报	[jǐngbào]
慶祝	경축	庆祝	[qìngzhù]
更新	경신, 갱신	更新	[gēngxīn]
境界	경계	境界	[jìngjiè]
經理	경리, 경영 관리 책임자	经理	[jīnglǐ]
經過	경유하다, 통과하다	经过	[jīngguò]
世界	세계	世界	[shìjiè]
外界	외계	外界	[wàijiè]
繼續	계속, 끊임없이 하다	继续	[jìxù]
繼承	계승, 이어받다	继承	[jìchéng]
車庫	차고	车库	[chēkù]
寶庫	보고	宝库	[bǎokù]
器官	기관	器官	[qìguān]
講究	강구	讲究	[jiǎngjiu]
群衆	군중	群众	[qúnzhòng]
權力	권력	权力	[quánlì]
主權	주권	主权	[zhǔquán]
歸納	귀납, 종합하다	归纳	[guīnà]
平均	평균	平均	[píngjūn]
禁止	금지	禁止	[jìnzhǐ]
其實	기실	其实	[qíshí]

한자	뜻	간체자	발음
其他	기타	其他	[qítā]
暖房	난방	暖房	[nuǎnfáng]
容納	용납	容纳	[róngnà]
出納	출납	出纳	[chūnà]
努力	노력	努力	[nǔlì]
斷絕	단절	断绝	[duànjué]
論壇	논단	论坛	[lùntán]
端正	단정	端正	[duānzhèng]
端午	단오	端午	[Duānwǔ]
單獨	단독	单独	[dāndú]
單位	단위	单位	[dānwèi]
發達	발달	发达	[fādá]
到達	도달, 도착하다	到达	[dàodá]
軍隊	군대	军队	[jūnduì]
徒弟	도제, 제자	徒弟	[túdì]
不得不	부득불	不得不	[bùdébù]
省略	생략	省略	[shěnglüè]
戰略	전략	战略	[zhànlüè]
連續	연속	连续	[liánxù]
強烈	강렬	强烈	[qiángliè]
熱烈	열렬	热烈	[rèliè]
錄音	녹음	录音	[lùyīn]
錄取	녹취	录取	[lùqǔ]
討論	토론	讨论	[tǎolùn]
充滿	충만	充满	[chōngmǎn]
備忘錄	비망록	备忘录	[bèiwànglù]
美妙	미묘하다	美妙	[měimiào]
任務	임무	任务	[rènwu]
密度	밀도	密度	[mìdù]

한자	뜻	간체자	발음
消防	소방	消防	[xiāofáng]
訪問	방문	访问	[fǎngwèn]
背景	배경	背景	[bèijǐng]
罰金	벌금	罚金	[fájīn]
保護	보호	保护	[bǎohù]
起伏	기복	起伏	[qǐfú]
否認	부인	否认	[fǒurèn]
佛教	불교	佛教	[Fójiào]
飛行	비행	飞行	[fēixíng]
悲觀	비관	悲观	[bēiguān]
散步	산보	散步	[sànbù]
分散	분산	分散	[fēnsàn]
現狀	현상	现状	[xiànzhuàng]
形狀	형상	形状	[xíngzhuàng]
思想	사상	思想	[sīxiǎng]
感想	감상	感想	[gǎnxiǎng]
國稅	국세	国税	[guóshuì]
素質	소질	素质	[sùzhì]
持續	지속	持续	[chíxù]
風俗	풍속	风俗	[fēngsú]
收入	수입	收入	[shōurù]
回收	회수	回收	[huíshōu]
修理	수리	修理	[xiūlǐ]
接受	접수	接受	[jiēshòu]
教授	교수	教授	[jiàoshòu]
傳授	전수	传授	[chuánshòu]
單純	단순	单纯	[dānchún]
收拾	수습	收拾	[shōushi]
承認	승인	承认	[chéngrèn]
消息	소식	消息	[xiāoxi]

한자	뜻	간체자	발음
休息	휴식	休息	[xiūxi]
常識	상식	常识	[chángshí]
認識	인식	认识	[rènshi]
申請	신청	申请	[shēnqǐng]
參與	참여	参与	[cānyù]
逆行	역행	逆行	[nìxíng]
研究	연구	研究	[yánjiū]
經營	경영	经营	[jīngyíng]
營養	영양	营养	[yíngyǎng]
藝術	예술	艺术	[yìshù]
工藝品	공예품	工艺品	[gōngyìpǐn]
誤解	오해	误解	[wùjiě]
內容	내용	内容	[nèiróng]
形容	형용	形容	[xíngróng]
圓滿	원만	圆满	[yuánmǎn]
人員	인원	人员	[rényuán]
職員	직원	职员	[zhíyuán]
危害	위해	危害	[wēihài]
遺産	유산	遗产	[yíchǎn]
遺失	유실	遗失	[yíshī]
陽曆	양력	阳历	[yánglì]
適應	적응	适应	[shìyìng]
反應	반응	反应	[fǎnyìng]
異常	이상	异常	[yìcháng]
移民	이민	移民	[yímín]
移動	이동	移动	[yídòng]
利益	이익	利益	[lìyì]
日益	일익, 나날이 더욱	日益	[rìyì]
認定	인정	认定	[rèndìng]
壯觀	장관	壮观	[zhuàngguān]

한자	뜻	간체자	발음
專業	전업	专业	[zhuānyè]
親切	친절	亲切	[qīnqiè]
一切	일체/일절	一切	[yíqiè]
絕對	절대	绝对	[juéduì]
謝絕	사절	谢绝	[xièjué]
重點	중점	重点	[zhòngdiǎn]
特點	특점	特点	[tèdiǎn]
直接	직접	直接	[zhíjiē]
制度	제도	制度	[zhìdù]
製作	제작	制作	[zhìzuò]
造成	조성	造成	[zàochéng]
創造	창조	创造	[chuàngzào]
尊敬	존경	尊敬	[zūnjìng]
尊重	존중	尊重	[zūnzhòng]
宗教	종교	宗教	[zōngjiào]
觀衆	관중	观众	[guānzhòng]
支持	지지	支持	[zhīchí]
手指	손가락	手指	[shǒuzhǐ]
指針	지침	指针	[zhǐzhēn]
職業	직업	职业	[zhíyè]
生辰	생신	生辰	[shēngchén]
着手	착수	着手	[zhuóshǒu]
觀察	관찰	观察	[guānchá]
考察	고찰	考察	[kǎochá]
創立	창립	创立	[chuànglì]
聽力	청력	听力	[tīnglì]
請求	청구	请求	[qǐngqiú]
争取	쟁취	争取	[zhēngqǔ]
取消	취소	取消	[qǔxiāo]
政治	정치	政治	[zhèngzhì]

한자	뜻	간체자	발음
統治	통치	统治	[tǒngzhì]
方針	방침	方针	[fāngzhēn]
破産	파산	破产	[pòchǎn]
判斷	판단	判断	[pànduàn]
談判	담판	谈判	[tánpàn]
分布	분포	分布	[fēnbù]
公布	공포	公布	[gōngbù]
暴力	폭력	暴力	[bàolì]
車票	차표	车票	[chēpiào]
解決	해결	解决	[jiějué]
理解	이해	理解	[lǐjiě]
故鄕	고향	故乡	[gùxiāng]
虛心	허심, 겸허하다	虚心	[xūxīn]
空虛	공허	空虚	[kōngxū]
體驗	체험	体验	[tǐyàn]
試驗	시험	试验	[shìyàn]
協商	협상	协商	[xiéshāng]
協助	협조	协助	[xiézhù]
呼吸	호흡	呼吸	[hūxī]
效果	효과	效果	[xiàoguǒ]
氣候	기후	气候	[qìhòu]
吸引	흡인	吸引	[xīyǐn]
吸取	흡수	吸取	[xīqǔ]
復興	부흥	复兴	[fùxīng]
希望	희망	希望	[xīwàng]

HNK 4급

모의고사
1~5회

HNK
汉字能力考试

중국교육부 국가한판

汉字能力考试

4급

注意(수험생 유의사항)

1. 총 문항 수는 100문항(선택형 30, 단답형 70)이며, 시험 시간은 60분입니다.

2. 답은 답안지에 검정색 펜을 사용하여 또박또박 쓰세요.

3. 시험지에 수험번호와 성명을 쓰고 답안지와 함께 제출합니다.

4. 끝나는 신호가 있으면 필기도구를 내려놓고 감독관의 지시를 따르세요.

수험번호 ☐☐☐☐ - ☐☐☐☐
☐☐ - ☐☐☐☐

성명

시행: (주)다락원

주관: (사)한중문자교류협회
国家汉办 汉考国际

Hanban 国家汉办

선택형 [1~30]

※ 다음 물음에 맞는 답의 번호를 답안지의 해당 답란에 표시하시오.

[1~5]
한자의 훈과 음으로 바른 것을 고르시오.

1 溪   (   )
　① 찰 랭   ② 시내 계
　③ 지날 력   ④ 호수 호

2 保   (   )
　① 얻을 득   ② 클 위
　③ 지킬 보   ④ 다를 타

3 指   (   )
　① 가리킬 지   ② 칠 타
　③ 뜻 지   ④ 갑절 배

4 效   (   )
　① 학교 교   ② 기약할 기
　③ 사귈 교   ④ 본받을 효

5 致   (   )
　① 생각 념   ② 이를 치
　③ 쉴 휴   ④ 글 시

[6~10]
다음 훈과 음에 해당하는 한자를 고르시오.

6 옮길 이   (   )
　① 如   ② 助   ③ 移   ④ 村

7 마실 흡   (   )
　① 吸   ② 遠   ③ 支   ④ 舌

8 널빤지 판   (   )
　① 落   ② 案   ③ 板   ④ 反

9 새 을   (   )
　① 鳥   ② 乙   ③ 走   ④ 辛

10 방 방   (   )
　① 史   ② 方   ③ 放   ④ 房

[11~15]
다음 훈과 음에 해당하는 한자와 그 간체자가
바르게 짝지어진 것을 고르시오.

11 쓸 소 ( )

① 養 = 养 ② 掃 = 扫

③ 發 = 发 ④ 費 = 费

12 인륜 륜 ( )

① 統 = 统 ② 過 = 过

③ 産 = 产 ④ 倫 = 伦

13 힘쓸 무 ( )

① 線 = 线 ② 場 = 场

③ 務 = 务 ④ 傳 = 传

14 월 강 ( )

① 偉 = 伟 ② 講 = 讲

③ 晝 = 昼 ④ 寫 = 写

15 다를 이 ( )

① 異 = 异 ② 爲 = 为

③ 戰 = 战 ④ 貴 = 贵

[16~18]
뜻이 반대 또는 상대되는 한자를 고르시오.

16 往 ( )

① 復 ② 住 ③ 主 ④ 速

17 順 ( )

① 勇 ② 特 ③ 逆 ④ 仕

18 京 ( )

① 英 ② 鄕 ③ 短 ④ 常

[19~21]
뜻이 같거나 비슷한 한자를 고르시오.

19 充 ( )

① 材 ② 卓 ③ 局 ④ 滿

20 協 ( )

① 序 ② 助 ③ 祝 ④ 朴

21 舍 ( )

① 宅 ② 幸 ③ 示 ④ 位

[22~24]
밑줄 친 낱말의 뜻을 가진 한자를 고르시오.

22 우리 조상들은 주로 남향으로 집을
지었다. ( )

① 富   ② 造   ③ 看   ④ 飮

23 두루 살펴도 이상한 흔적은 없습니
다. ( )

① 察   ② 祭   ③ 伐   ④ 序

24 환절기에는 기후의 변화가 심해서
감기에 걸리기 쉽다. ( )

① 後   ② 壯   ③ 候   ④ 取

[25~27]
다음 뜻을 가진 한자어를 고르시오.

25 오로지 어떤 한 가지만을 씀. ( )

① 專門   ② 使用
③ 專用   ④ 利用

26 소의 젖. ( )

① 母乳   ② 牛角
③ 乳母   ④ 牛乳

27 일주일의 각 날을 이르는 말. ( )

① 曜日   ② 每日
③ 週日   ④ 一日

[28~30]
밑줄 친 한자어의 뜻으로 알맞은 것을 고르시오.

28 경쟁했던 두 선수의 얼굴에 <u>喜悲</u>가
엇갈렸다. ( )

① 슬픈 운수

② 기쁨과 슬픔

③ 슬퍼하며 탄식함

④ 사랑하고 불쌍히 여김

29 자동차 보험 <u>更新</u>을 위해 상담 전화를
했다. ( )

① 새로운 소식

② 새롭고 산뜻함

③ 취향이 매우 새로움

④ 이미 있던 것을 고쳐 새롭게 함

30. 새로운 문제에 도전하며 <u>硏究</u> 활동
을 하였다. ( )

① 마지막 목적

② 기운차게 움직임

③ 깊이 조사하여 밝힘

④ 일의 성과를 거두려고 운동함

단답형 [31~100]

※ 다음 물음에 맞는 답을 답안지의 해당 답란
에 쓰시오.

[31~50]
한자의 훈과 음을 쓰시오. (31~40번은 간체자
표기임)

예시: 一 (한 일)

31 验 ( )

32 难 ( )

33 飞 ( )

34 职 ( )

35 圆 ( )

36 讨 ( )

37 队 ( )

38 适 ( )

39 连 ( )

40 细 ( )

41 探 ( )

42 句 ( )

43 朱 ( )

44 受　　　(　　　　　　)

45 密　　　(　　　　　　)

46 徒　　　(　　　　　　)

47 治　　　(　　　　　　)

48 戒　　　(　　　　　　)

49 呼　　　(　　　　　　)

50 容　　　(　　　　　　)

[51~70]
한자어의 독음을 쓰시오. (51~60번은 간체자 표기임)

예시: 一二 (일이)

51 暴恶　　(　　　　　　)

52 单纯　　(　　　　　　)

53 处罚　　(　　　　　　)

54 电灯　　(　　　　　　)

55 权利　　(　　　　　　)

56 中继　　(　　　　　　)

57 希愿　　(　　　　　　)

58 检问　　(　　　　　　)

59 遗品　　(　　　　　　)

60 声调　　(　　　　　　)

61 着想　　(　　　　　　)

62 背恩　　(　　　　　　)

63 所有　　(　　　　　　)

64 與否　　(　　　　　　)

65 努力　　(　　　　　　)

66 出庫　　(　　　　　　)

67 暗票　　(　　　　　　)

68 起伏　　(　　　　　　)

69 軍警　　(　　　　　　)

70 回收　　(　　　　　　)

[71~75]
다음 한자의 간체자를 〈보기〉에서 찾아 쓰시오.

〈보기〉
败　营　杀　经　货　众　从

71 衆　　（　　　　　　　）

72 經　　（　　　　　　　）

73 殺　　（　　　　　　　）

74 貨　　（　　　　　　　）

75 營　　（　　　　　　　）

[76~80]
다음 한자의 번체자를 〈보기〉에서 찾아 쓰시오.

〈보기〉
談　訪　煙　誤　聽　閉　開

76 闭　　（　　　　　　　）

77 听　　（　　　　　　　）

78 烟　　（　　　　　　　）

79 访　　（　　　　　　　）

80 误　　（　　　　　　　）

[81~82]
다음 한자의 부수를 쓰시오.

예시: 漢 (氵 또는 水)

81 略　　（　　　　　　　　　）

82 稅　　（　　　　　　　　　）

[83~85]
다음 뜻을 가진 사자성어를 〈보기〉에서 찾아 그 독음을 쓰시오.

〈보기〉	
四通八達	自强不息
多多益善	身言書判
氷炭之間	一寸光陰

83 스스로 힘써 몸과 마음을 가다듬어 쉬지 아니함. （　　　　　　　）

84 얼음과 숯이라는 뜻으로, 서로 정반 대가 되어 용납하지 못하는 관계를 이르는 말. （　　　　　　　）

85 인물을 선택하는 데 표준으로 삼던 조건. 곧 신수, 말씨, 문필, 판단력의 네 가지를 이름.
　　　　　　　　（　　　　　　　）

[86~95]
밑줄 친 한자어의 독음을 쓰시오.

> 예시: 漢字를 익힐 때는 여러 가지의 훈
> 과 음에 유의해야 합니다. (한자)

86 일부 농작물의 경작을 <u>制限</u>하였다.
（　　　　　　）

87 절약과 <u>儉素</u>가 생활화되는 것이 중
요하다.　（　　　　　　）

88 그 시에는 고향을 그리워하는 마음이
<u>內包</u>되어 있다.（　　　　　　）

89 그 사람은 <u>印章</u> 위조죄로 구속을 당
했다.　（　　　　　　）

90 학부모들이 보충 수업 재개를 <u>要請</u>
하였다.　（　　　　　　）

91 <u>危急</u>한 상황일수록 침착하게 행동
한다.　（　　　　　　）

92 상대를 이기기 위해서는 <u>虛點</u>을 찾
아내야 한다.　（　　　　　　）

93 서울 가는 <u>列車</u>를 예매했다.
（　　　　　　）

94 <u>次官</u>으로 승진하신 것을 축하드립
니다.　（　　　　　　）

95 이틀 정도 <u>禁食</u>을 하라는 의사의 처
방을 받았다.　（　　　　　　）

[96~100]
다음 문장의 내용에 맞게 밑줄 친 한자어를 쓰
시오.

> 예시: <u>한자</u>를 쓸 때는 순서에 유의해야
> 합니다.　　　　　（ 漢字 ）

96 그 선수는 우람한 <u>골격</u>을 지니고 있다.
（　　　　　）

97 과일이 무르익을 <u>시기</u>가 되었다.
（　　　　　）

98 충치가 생겨서 <u>치과</u>에 가 봐야겠다.
（　　　　　）

99 경찰은 운전 <u>정지</u>의 신호를 보냈다.
（　　　　　）

100 절대 <u>약속</u> 시간에 늦으시면 안 됩니다.
（　　　　　）

HNK
汉字能力考试

중국교육부 국가한판

汉字能力考试

4급

注意(수험생 유의사항)

1. 총 문항 수는 100문항(선택형 30, 단답형 70)이며, 시험 시간은 60분입니다.

2. 답은 답안지에 검정색 펜을 사용하여 또박또박 쓰세요.

3. 시험지에 수험번호와 성명을 쓰고 답안지와 함께 제출합니다.

4. 끝나는 신호가 있으면 필기도구를 내려놓고 감독관의 지시를 따르세요.

수험번호					—				
		—			—				

성명	

시행: (주)다락원

주관: (사)한중문자교류협회
　　　国家汉办 汉考国际

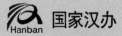

Hanban 国家汉办

선택형 [1~30]

※ 다음 물음에 맞는 답의 번호를 답안지의 해당 답란에 표시하시오.

[1~5]
한자의 훈과 음으로 바른 것을 고르시오.

1 旅　　　　　　　(　)

① 나그네 려　　② 기다릴 대
③ 물고기 어　　④ 터 기

2 危　　　　　　　(　)

① 더울 열　　　② 철 계
③ 위태할 위　　④ 별 성

3 列　　　　　　　(　)

① 저녁 석　　　② 될 화
③ 죽을 사　　　④ 벌일 렬

4 怒　　　　　　　(　)

① 힘쓸 노　　　② 성낼 노
③ 생각 사　　　④ 버금 차

5 更　　　　　　　(　)

① 하여금 사　　② 편할 편
③ 고칠 경　　　④ 그럴 연

[6~10]
다음 훈과 음에 해당하는 한자를 고르시오.

6 이를 도　　　　　(　)

① 不　② 戶　③ 否　④ 到

7 쌀 포　　　　　　(　)

① 包　② 拜　③ 祭　④ 失

8 마루 종　　　　　(　)

① 種　② 宗　③ 鼻　④ 丹

9 닦을 수　　　　　(　)

① 受　② 赤　③ 授　④ 修

10 거짓 가　　　　　(　)

① 家　② 可　③ 假　④ 則

[11~15]
다음 훈과 음에 해당하는 한자와 그 간체자가
바르게 짝지어진 것을 고르시오.

11 흥할 흥　　　　　　　(　　)

① 與 = 与　　　② 興 = 兴

③ 關 = 关　　　④ 質 = 质

12 청할 청　　　　　　　(　　)

① 價 = 价　　　② 淸 = 清

③ 請 = 请　　　④ 園 = 园

13 점 점　　　　　　　(　　)

① 動 = 动　　　② 備 = 备

③ 陸 = 陆　　　④ 點 = 点

14 재주 예　　　　　　　(　　)

① 廣 = 广　　　② 溫 = 温

③ 藝 = 艺　　　④ 紙 = 纸

15 이을 속　　　　　　　(　　)

① 賣 = 卖　　　② 續 = 续

③ 來 = 来　　　④ 禮 = 礼

[16~18]
뜻이 반대 또는 상대되는 한자를 고르시오.

16 開　　　　　　　(　　)

① 聞　② 閉　③ 問　④ 間

17 殺　　　　　　　(　　)

① 變　② 冊　③ 生　④ 停

18 方　　　　　　　(　　)

① 要　② 例　③ 路　④ 圓

[19~21]
뜻이 같거나 비슷한 한자를 고르시오.

19 政　　　　　　　(　　)

① 治　② 半　③ 低　④ 骨

20 歌　　　　　　　(　　)

① 通　② 謠　③ 能　④ 全

21 造　　　　　　　(　　)

① 吉　② 道　③ 作　④ 災

[22~24]
밑줄 친 낱말의 뜻을 가진 한자를 고르시오.

22 일주일에 한 번씩 친구들과 모임을
<u>가진다</u>. ( )

　①時　②序　③持　④星

23 너 스스로 곰곰이 <u>생각</u>해 봐라.
( )

　①想　②佳　③救　④具

24 내 가족은 내 힘으로 <u>지킨다</u>. ( )

　①休　②件　③味　④保

[25~27]
다음 뜻을 가진 한자어를 고르시오.

25 일이나 현상이 일어나지 못하게 막음.
( )

　①停止　　　②國防
　③防止　　　④防寒

26 일정하게 자리를 잡고 사는 곳.
( )

　①居處　　　②頭角
　③住宅　　　④宅內

27 정신을 집중하여 어떤 대상을 똑바
로 봄. ( )

　①直線　　　②直接
　③直視　　　④正直

[28~30]
밑줄 친 한자어의 뜻으로 알맞은 것을 고르시오.

28 그 영화의 공간적 **背景**이 된 곳은 폐광촌이다.   (   )

① 사건이나 환경, 인물을 둘러싼 주위의 여건
② 아름다운 경치
③ 자연의 아름다운 모습
④ 상품 이외에 곁들이어 주는 물건

29 신제품 개발에 **努力**을 기울이고 있다.   (   )

① 강한 힘
② 사람의 능력
③ 힘을 합하여 서로 도움
④ 몸과 마음을 다하여 애를 씀

30 그녀는 **悲運**의 여주인공역을 맡았다.   (   )

① 슬픈 운명
② 행복한 운수
③ 하늘이 정한 운수
④ 슬프면서도 마음을 억눌러 씩씩함

단답형 [31~100]

※ 다음 물음에 맞는 답을 답안지의 해당 답란에 쓰시오.

[31~50]
한자의 훈과 음을 쓰시오. (31~40번은 간체자 표기임)

예시: 一 (한 일)

31 断   (   )

32 阴   (   )

33 专   (   )

34 贤   (   )

35 连   (   )

36 饭   (   )

37 乡   (   )

38 认   (   )

39 单   (   )

40 复   (   )

41 境   (   )

42 愁   (   )

43 布   (   )

44 略　　(　　　　　)
45 稅　　(　　　　　)
46 其　　(　　　　　)
47 判　　(　　　　　)
48 街　　(　　　　　)
49 候　　(　　　　　)
50 得　　(　　　　　)

[51~70]
한자어의 독음을 쓰시오. (51~60번은 간체자
표기임)

예시: 一二 (일이)

51 入队　(　　　　　)
52 访韩　(　　　　　)
53 职员　(　　　　　)
54 俭素　(　　　　　)
55 创业　(　　　　　)
56 难局　(　　　　　)
57 洁白　(　　　　　)

58 精读　(　　　　　)
59 妙计　(　　　　　)
60 庆州　(　　　　　)
61 快感　(　　　　　)
62 論爭　(　　　　　)
63 起伏　(　　　　　)
64 器官　(　　　　　)
65 松林　(　　　　　)
66 均等　(　　　　　)
67 境遇　(　　　　　)
68 依存　(　　　　　)
69 假定　(　　　　　)
70 散文　(　　　　　)

[71~75]
다음 한자의 간체자를 〈보기〉에서 찾아 쓰시오.

〈보기〉
虎 扫 丝 针 虚 实 宝

71 寶　　　(　　　　　　　　)

72 針　　　(　　　　　　　　)

73 虛　　　(　　　　　　　　)

74 掃　　　(　　　　　　　　)

75 絲　　　(　　　　　　　　)

[76~80]
다음 한자의 번체자를 〈보기〉에서 찾아 쓰시오.

〈보기〉
錄 絕 綠 應 狀 遺 貴

76 录　　　(　　　　　　　　)

77 应　　　(　　　　　　　　)

78 绝　　　(　　　　　　　　)

79 遗　　　(　　　　　　　　)

80 状　　　(　　　　　　　　)

[81~82]
다음 한자의 부수를 쓰시오.

예시: 漢 (氵 또는 水)

81 拾　　　(　　　　　　　　)

82 究　　　(　　　　　　　　)

[83~85]
다음 뜻을 가진 사자성어를 〈보기〉에서 찾아 그 독음을 쓰시오.

〈보기〉	
知己之友	甲男乙女
江湖煙波	破竹之勢
風前燈火	一寸光陰

83 자기의 가치나 속마음을 잘 알아주는 참다운 벗. (　　　　　　　　)

84 바람 앞의 등불이라는 뜻으로, 매우 위태로운 처지나 오래 견디지 못할 상태를 비유적으로 이르는 말.
(　　　　　　　　)

85 갑이라는 남자와 을이라는 여자라는 뜻으로, 평범한 사람들을 이르는 말.
(　　　　　　　　)

[86~95]
밑줄 친 한자어의 독음을 쓰시오.

> 예시: 漢字를 익힐 때는 여러 가지의 훈
> 과 음에 유의해야 합니다. (한자)

86 그들의 공격 목표는 미사일 基地였다.
　　　　　　（　　　　　　　　　）

87 그 골짜기에 神仙이 살았다는 전설이
있다.　　　　（　　　　　　　　　）

88 학생들의 倫理 의식이 많이 떨어졌다.
　　　　　　（　　　　　　　　　）

89 하루를 省察해 볼 수 있는 좋은 시간
이다.　　　　（　　　　　　　　　）

90 새로운 希望과 꿈에 부풀어 있었다.
　　　　　　（　　　　　　　　　）

91 뱀은 동물 중에서 가장 땅에 密着된
존재이다.　　（　　　　　　　　　）

92 주민들은 정부에 그린벨트의 전면
解除를 요구했다.　（　　　　　　　）

93 내년은 닭띠해인 丁酉년이다.
　　　　　　（　　　　　　　　　）

94 藥效가 떨어졌는지 통증이 오기 시작
했다.　　　　（　　　　　　　　　）

95 죄수들한테는 獨房에 갇히는 것만큼
혹독한 벌이 없다.
　　　　　　（　　　　　　　　　）

[96~100]
다음 문장의 내용에 맞게 밑줄 친 한자어를 쓰
시오.

> 예시: 한자를 쓸 때는 순서에 유의해야
> 합니다.　　　　　　（ 漢字 ）

96 　버스 요금이 인상될 것이라고 한다.
　　　　　　（　　　　　　　　　）

97 봄철 프로 개편에서 드라마의 비중
을 낮췄다.　（　　　　　　　　　）

98 그는 국내에서 영구 추방되었다.
　　　　　　（　　　　　　　　　）

99 미술 작품을 보는 안목을 키우고 있다.
　　　　　　（　　　　　　　　　）

100 나는 마지막 주자로 계주를 뛰었다.
　　　　　　（　　　　　　　　　）

중국교육부 국가한판
汉字能力考试

4급

注意(수험생 유의사항)

1. 총 문항 수는 100문항(선택형 30, 단답형 70)이며, 시험 시간은 60분입니다.

2. 답은 답안지에 검정색 펜을 사용하여 또박또박 쓰세요.

3. 시험지에 수험번호와 성명을 쓰고 답안지와 함께 제출합니다.

4. 끝나는 신호가 있으면 필기도구를 내려놓고 감독관의 지시를 따르세요.

수험번호					–				
			–			–			

성명	

시행: (주)다락원
주관: (사)한중문자교류협회
　　　国家汉办 汉考国际

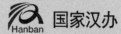
国家汉办

선택형 [1~30]

※ 다음 물음에 맞는 답의 번호를 답안지의 해당 답란에 표시하시오.

[1~5]
한자의 훈과 음으로 바른 것을 고르시오.

1 官 ( )
① 잡을 조   ② 집 궁
③ 벼슬 관   ④ 맺을 약

2 卯 ( )
① 홀로 독   ② 거느릴 부
③ 법 전   ④ 토끼 묘

3 希 ( )
① 이로울 리 ② 바랄 희
③ 매길 과   ④ 은은

4 容 ( )
① 골 곡   ② 얼굴 용
③ 받들 봉   ④ 굳셀 무

5 群 ( )
① 무리 군   ② 서로 상
③ 큰바다 양 ④ 임금 군

[6~10]
다음 훈과 음에 해당하는 한자를 고르시오.

6 바를 단 ( )
① 律   ② 强   ③ 端   ④ 別

7 허물 죄 ( )
① 罪   ② 首   ③ 考   ④ 伐

8 도울 협 ( )
① 凶   ② 野   ③ 寒   ④ 協

9 연구할 구 ( )
① 服   ② 好   ③ 究   ④ 增

10 등 배 ( )
① 因   ② 背   ③ 病   ④ 北

[11~15]
다음 훈과 음에 해당하는 한자와 그 간체자가
바르게 짝지어진 것을 고르시오.

11 연기 연　　　　　　（　　）

① 漁 = 渔　　② 煙 = 烟

③ 参 = 参　　④ 現 = 现

12 알 식　　　　　　（　　）

① 識 = 识　　② 結 = 结

③ 類 = 类　　④ 億 = 亿

13 찾을 방　　　　　　（　　）

① 熱 = 热　　② 給 = 给

③ 訪 = 访　　④ 謝 = 谢

14 곳집 고　　　　　　（　　）

① 眞 = 真　　② 監 = 监

③ 選 = 选　　④ 庫 = 库

15 재물 화　　　　　　（　　）

① 費 = 费　　② 貨 = 货

③ 實 = 实　　④ 練 = 练

[16~18]
뜻이 반대 또는 상대되는 한자를 고르시오.

16 視　　　　　　（　　）

① 聽　② 用　③ 美　④ 法

17 呼　　　　　　（　　）

① 郡　② 及　③ 算　④ 吸

18 干　　　　　　（　　）

① 落　② 滿　③ 最　④ 律

[19~21]
뜻이 같거나 비슷한 한자를 고르시오.

19 到　　　　　　（　　）

① 査　② 童　③ 着　④ 術

20 群　　　　　　（　　）

① 苦　② 說　③ 忠　④ 集

21 康　　　　　　（　　）

① 健　② 倍　③ 的　④ 使

[22~24]
밑줄 친 낱말의 뜻을 가진 한자를 고르시오.

22 시내의 물이 너무나 맑고 깨끗하다.
( )

① 水   ② 江   ③ 溪   ④ 決

23 국민의 **세금**으로 대부분 충당한다.
( )

① 數   ② 稅   ③ 順   ④ 任

24 어느 쪽을 택해야 할지 **판단**이 서질 않
는다. ( )

① 判   ② 反   ③ 退   ④ 戰

[25~27]
다음 뜻을 가진 한자어를 고르시오.

25 일을 하기 어려운 상황이나 국면.
( )

① 非難   ② 論難
③ 苦難   ④ 難局

26 나그네를 치거나 묵게 하는 집.
( )

① 客舍   ② 室內
③ 居室   ④ 外家

27 가축을 놓아먹이는 넓은 구역의 땅.
( )

① 牛馬   ② 牧場
③ 牧牛   ④ 市場

[28~30]
밑줄 친 한자어의 뜻으로 알맞은 것을 고르시오.

28 약초 재배와 누에치기로 <u>所得</u>을 올리고 있다. (　)

① 얻음과 잃음
② 매우 귀중함
③ 일한 결과로 얻은 이익
④ 바라던 일이 이루어져서 뽐냄

29 임시 정부 <u>先烈</u> 다섯 분의 유해를 모셔오다. (　)

① 맨 앞
② 다른 것보다 앞섬
③ 학생을 가르치는 사람
④ 나라를 위하여 싸우다가 죽은 열사

30 건물의 <u>細部</u>까지 둘러보았다. (　)

① 자세한 부분
② 전체의 한 부분
③ 분간하기 어려울 만큼 매우 작음
④ 마음을 쓰는 것이 꼼꼼하고 자세함

단답형 [31~100]

※ 다음 물음에 맞는 답을 답안지의 해당 답란에 쓰시오.

[31~50]
한자의 훈과 음을 쓰시오. (31~40번은 간체자 표기임)

예시: 一 (한 일)

31 罚 (　　　　)

32 归 (　　　　)

33 谣 (　　　　)

34 适 (　　　　)

35 讨 (　　　　)

36 俭 (　　　　)

37 飞 (　　　　)

38 荣 (　　　　)

39 纳 (　　　　)

40 与 (　　　　)

41 達 (　　　　)

42 授 (　　　　)

43 祭 (　　　　)

44 戒　　（　　　　　　）
45 朱　　（　　　　　　）
46 解　　（　　　　　　）
47 辰　　（　　　　　　）
48 承　　（　　　　　　）
49 忘　　（　　　　　　）
50 谷　　（　　　　　　）

[51～70]
한자어의 독음을 쓰시오. (51～60번은 간체자 표기임)

예시: 一二 (일이)

51 禁书　　（　　　　　　）
52 论理　　（　　　　　　）
53 谈话　　（　　　　　　）
54 经验　　（　　　　　　）
55 依旧　　（　　　　　　）
56 营农　　（　　　　　　）
57 句节　　（　　　　　　）

58 闭讲　　（　　　　　　）
59 检举　　（　　　　　　）
60 遗产　　（　　　　　　）
61 同甲　　（　　　　　　）
62 起案　　（　　　　　　）
63 生徒　　（　　　　　　）
64 密室　　（　　　　　　）
65 回想　　（　　　　　　）
66 制度　　（　　　　　　）
67 乙巳　　（　　　　　　）
68 乃至　　（　　　　　　）
69 造作　　（　　　　　　）
70 冰板　　（　　　　　　）

[71~75]
다음 한자의 간체자를 〈보기〉에서 찾아 쓰시오.

〈보기〉
决　号　庆　结　笔　纯　洁

71 筆　（　　　　　　　）

72 慶　（　　　　　　　）

73 純　（　　　　　　　）

74 潔　（　　　　　　　）

75 號　（　　　　　　　）

[76~80]
다음 한자의 번체자를 〈보기〉에서 찾아 쓰시오.

〈보기〉
創　興　壯　與　權　務　觀

76 壮　（　　　　　　　）

77 创　（　　　　　　　）

78 兴　（　　　　　　　）

79 务　（　　　　　　　）

80 权　（　　　　　　　）

[81~82]
다음 한자의 부수를 쓰시오.

예시: 漢 (氵또는 水)

81 佛　（　　　　　　　）

82 散　（　　　　　　　）

[83~85]
다음 뜻을 가진 사자성어를 〈보기〉에서 찾아
그 독음을 쓰시오.

〈보기〉
莫上莫下　　　殺身成仁
衆口難防　　　言語道斷
一言半句　　　身言書判

83 말할 길이 끊어졌다는 뜻으로, 어이
가 없어서 말하려 해도 말할 수 없음
을 이르는 말. （　　　　　　　）

84 자신의 몸을 죽여 인을 이룬다는 뜻
으로, 자기의 몸을 희생하여 옳은 도
리를 행함. 　（　　　　　　　）

85 여러 사람의 입을 막기 어렵다는 뜻
으로, 막기 어려울 정도로 여럿이 마
구 지껄임을 이르는 말.
（　　　　　　　）

[86~95]
밑줄 친 한자어의 독음을 쓰시오.

> 예시: 漢字를 익힐 때는 여러 가지의 훈 과 음에 유의해야 합니다. (한자)

86 갖가지 妙技가 경기장을 수놓았다.
( )

87 이번 달은 불법 무기 자진 申告 기간 입니다. ( )

88 宗敎 활동을 열심히 하기로 결심했다.
( )

89 우리 회사를 모범 기업으로 指定했다.
( )

90 除夜의 종소리가 아직도 귀에 울리는 듯하다. ( )

91 다이아몬드는 炭素로 이루어진 광물 이다. ( )

92 마음이 외로움으로 가득해 空虛하다.
( )

93 서로 자기주장이 옳다고 언성을 높인 것이 싸움의 發端이 되었다.
( )

94 마을에서는 갖가지 凶兆와 변고가 일어났다. ( )

95 현미경을 이용하면 육안으로는 觀察 되지 않는 것도 자세히 볼 수 있다.
( )

[96~100]
다음 문장의 내용에 맞게 밑줄 친 한자어를 쓰시오.

> 예시: 한자를 쓸 때는 순서에 유의해야 합니다. (漢字)

96 유학을 포기한 데에는 그만한 사정이 있다. ( )

97 매사에 조심하니 실수가 줄었다.
( )

98 창밖의 경치가 그림같이 아름답다.
( )

99 발해를 통해 고구려의 전통이 고려 에 계승되었다. ( )

100 일정한 자격 요건을 갖추어야 합격 이다. ( )

汉字能力考试

중국교육부 국가한판

汉字能力考试

4급

注意(수험생 유의사항)

1. 총 문항 수는 100문항(선택형 30, 단답형 70)이며, 시험 시간은 60분입니다.

2. 답은 답안지에 검정색 펜을 사용하여 또박또박 쓰세요.

3. 시험지에 수험번호와 성명을 쓰고 답안지와 함께 제출합니다.

4. 끝나는 신호가 있으면 필기도구를 내려놓고 감독관의 지시를 따르세요.

수험번호 ☐☐☐ - ☐☐☐☐
☐☐ - ☐☐☐

성명 ☐☐☐☐☐☐☐

시행: (주)다락원

주관: (사)한중문자교류협회
国家汉办 汉考国际

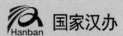
国家汉办

선택형 [1~30]

※ 다음 물음에 맞는 답의 번호를 답안지의 해당 답란에 표시하시오.

[1~5]
한자의 훈과 음으로 바른 것을 고르시오.

1 丙 ( )
① 북녘 북 ② 인할 인
③ 서녘 서 ④ 남녘 병

2 乳 ( )
① 젖 유 ② 어질 량
③ 사라질 소 ④ 이길 승

3 假 ( )
① 덕 덕 ② 거짓 가
③ 다리 교 ④ 두 재

4 呼 ( )
① 평평할 평 ② 기약할 기
③ 부를 호 ④ 구할 구

5 悲 ( )
① 마음 심 ② 아닐 비
③ 슬플 비 ④ 세울 건

[6~10]
다음 훈과 음에 해당하는 한자를 고르시오.

6 도장 인 ( )
① 印 ② 及 ③ 個 ④ 卯

7 따뜻할 난 ( )
① 溫 ② 責 ③ 暖 ④ 冷

8 본디 소 ( )
① 所 ② 素 ③ 未 ④ 商

9 벗을 탈 ( )
① 稅 ② 昨 ③ 和 ④ 脫

10 나 아 ( )
① 我 ② 更 ③ 形 ④ 科

[11~15]
다음 훈과 음에 해당하는 한자와 그 간체자가
바르게 짝지어진 것을 고르시오.

11 장수 장　　　　　　　　(　)

　① 賞 = 赏　　② 將 = 将

　③ 課 = 课　　④ 齒 = 齿

12 알 인　　　　　　　　　(　)

　① 觀 = 观　　② 鐵 = 铁

　③ 精 = 精　　④ 認 = 认

13 어질 현　　　　　　　　(　)

　① 題 = 题　　② 孫 = 孙

　③ 運 = 运　　④ 賢 = 贤

14 들일 납　　　　　　　　(　)

　① 納 = 纳　　② 愛 = 爱

　③ 戰 = 战　　④ 師 = 师

15 익힐 강　　　　　　　　(　)

　① 祖 = 祖　　② 講 = 讲

　③ 樹 = 树　　④ 圖 = 图

[16~18]
뜻이 반대 또는 상대되는 한자를 고르시오.

16 正　　　　　　　　(　)

　① 久　② 误　③ 服　④ 臣

17 興　　　　　　　　(　)

　① 亡　② 限　③ 鮮　④ 堂

18 得　　　　　　　　(　)

　① 洗　② 任　③ 級　④ 失

[19~21]
뜻이 같거나 비슷한 한자를 고르시오.

19 接　　　　　　　　(　)

　① 持　② 續　③ 向　④ 打

20 省　　　　　　　　(　)

　① 察　② 格　③ 命　④ 花

21 氣　　　　　　　　(　)

　① 定　② 晝　③ 近　④ 候

[22~24]
밑줄 친 낱말의 뜻을 가진 한자를 고르시오.

22 그녀는 <u>바늘</u>에 실을 꿰어 한 땀 한 땀씩 수를 놓았다.　　（　　）

① 計　② 流　③ 式　④ 針

23 이삿짐을 <u>싸느라</u> 정신이 없었다.
　　（　　）

① 包　② 區　③ 句　④ 布

24 낙천적인 성격을 가진 사람이 <u>오래</u> 산다.　　（　　）

① 表　② 赤　③ 久　④ 庭

[25~27]
다음 뜻을 가진 한자어를 고르시오.

25 아침밥.　　　　　　　　（　　）

① 朝野　　② 朝飯
③ 早朝　　④ 飮食

26 검소하고 수수함.　　　　（　　）

① 素服　　② 元素
③ 儉朴　　④ 健全

27 어수선한 사태를 거두어 바로잡음.
　　　　　　　　　　　　（　　）

① 拾得　　② 收入
③ 秋收　　④ 收拾

[28~30]
밑줄 친 한자어의 뜻으로 알맞은 것을 고르시오.

28 공습 **警報**의 발령으로 시가지는 한산하다. （　　　）
① 경고하는 글
② 경호하는 사람
③ 타일러 깨닫도록 함
④ 경계하라고 미리 알림

29 **下降** 기류는 고기압의 중심부에서 일어난다. （　　　）
① 끌어내림
② 품질 따위가 떨어짐
③ 공중에서 아래쪽으로 내림
④ 명령에 따라 움직이는 사람

30 그들은 누나, 동생 하는 **親密**한 사이다. （　　　）
① 매우 친함
② 자세하고 꼼꼼함
③ 빈틈없이 단단히 달라붙음
④ 나무들이 빽빽하게 들어선 깊은 숲

단답형 [31~100]

※ 다음 물음에 맞는 답을 답안지의 해당 답란에 쓰시오.

[31~50]
한자의 훈과 음을 쓰시오. (31~40번은 간체자 표기임)

예시: 一 (한 일)

31 听　（　　　　　　　）

32 职　（　　　　　　　）

33 圆　（　　　　　　　）

34 杀　（　　　　　　　）

35 录　（　　　　　　　）

36 经　（　　　　　　　）

37 叶　（　　　　　　　）

38 宝　（　　　　　　　）

39 虚　（　　　　　　　）

40 庆　（　　　　　　　）

41 努　（　　　　　　　）

42 票　（　　　　　　　）

43 康　（　　　　　　　）

44 俗   (   )

45 兆   (   )

46 破   (   )

47 禁   (   )

48 寺   (   )

49 牧   (   )

50 居   (   )

[51~70]
한자어의 독음을 쓰시오. (51~60번은 간체자 표기임)

예시: 一二 (일이)

51 落乡   (   )

52 专门   (   )

53 认识   (   )

54 异变   (   )

55 药房   (   )

56 阴阳   (   )

57 防备   (   )

58 伦理   (   )

59 权势   (   )

60 清洁   (   )

61 法院   (   )

62 石炭   (   )

63 油井   (   )

64 尊敬   (   )

65 萬拜   (   )

66 危害   (   )

67 受領   (   )

68 文壇   (   )

69 溪谷   (   )

70 市街   (   )

[71~75]
다음 한자의 간체자를 〈보기〉에서 찾아 쓰시오.

〈보기〉
产　营　复　极　制　难　机

71 難　（　　　　　　　　）

72 復　（　　　　　　　　）

73 製　（　　　　　　　　）

74 營　（　　　　　　　　）

75 極　（　　　　　　　　）

[76~80]
다음 한자의 번체자를 〈보기〉에서 찾아 쓰시오.

〈보기〉
討　論　創　閉　繼　開　詩

76 继　（　　　　　　　　）

77 论　（　　　　　　　　）

78 创　（　　　　　　　　）

79 开　（　　　　　　　　）

80 讨　（　　　　　　　　）

[81~82]
다음 한자의 부수를 쓰시오.

예시: 漢 (氵 또는 水)

81 松　（　　　　　　　　）

82 唱　（　　　　　　　　）

[83~85]
다음 뜻을 가진 사자성어를 〈보기〉에서 찾아
그 독음을 쓰시오.

〈보기〉	
空前絶後	修己治人
燈下不明	背恩忘德
適者生存	身言書判

83 등잔 밑이 어둡다는 뜻으로, 가까이에
있는 물건이나 사람을 잘 찾지 못함을
이르는 말. 　（　　　　　　　　）

84 자신의 몸과 마음을 닦은 후에 남을
다스림. 　（　　　　　　　　）

85 환경에 적응하는 생물만이 살아남
고, 그렇지 못한 것은 도태되어 멸망
하는 현상. 　（　　　　　　　　）

[86~95]
밑줄 친 한자어의 독음을 쓰시오.

예시: 漢字를 익힐 때는 여러 가지의 훈
과 음에 유의해야 합니다. (한자)

86 오월 端午에 여자들은 그네를 타고
놀고 남자들은 씨름을 한다.
(　　　　　　)

87 영국 대통령이 禮訪하기로 했다.
(　　　　　　)

88 休息을 하기 위해 그늘 밑으로 갔다.
(　　　　　　)

89 신호등의 색 중 朱黃은 주의하라는 표
시이다. (　　　　　　)

90 TV는 多衆을 상대로 하는 전파 매
체이다. (　　　　　　)

91 曜日에 관계없이 그 식당은 이벤트가
있다. (　　　　　　)

92 이번 사건으로 遺族들이 상처를 많
이 받았다. (　　　　)

93 동양화에 있어서 書藝는 필수적인 조
건이다. (　　　　　　)

94 우리나라 여성의 平均 수명은 80세다.
(　　　　　　)

95 공동 舍宅의 쓰레기 줄이기가 우선
이다. (　　　　　　)

[96~100]
다음 문장의 내용에 맞게 밑줄 친 한자어를 쓰
시오.

예시: 한자를 쓸 때는 순서에 유의해야
합니다. 　　　(漢字)

96 말을 할 때는 상대의 눈을 보고 한다.
(　　　)

97 남녀노소 예외 없이 모두 참여했다.
(　　　)

98 할머니께서 병환이 깊어지셨다.
(　　　　　　)

99 그 분은 고국으로 돌아가길 원하셨다.
(　　　　)

100 신제품의 출고 시기를 앞당기다.
(　　　)

중국교육부 국가한판
汉字能力考试

4급

注意(수험생 유의사항)

1. 총 문항 수는 100문항(선택형 30, 단답형 70)이며, 시험 시간은 60분입니다.

2. 답은 답안지에 검정색 펜을 사용하여 또박또박 쓰세요.

3. 시험지에 수험번호와 성명을 쓰고 답안지와 함께 제출합니다.

4. 끝나는 신호가 있으면 필기도구를 내려놓고 감독관의 지시를 따르세요.

수험번호

성명

시행: (주)다락원

주관: (사)한중문자교류협회
　　　国家汉办 汉考国际

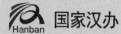

선택형 [1~30]

※ 다음 물음에 맞는 답의 번호를 답안지의 해당 답란에 표시하시오.

[1~5]
한자의 훈과 음으로 바른 것을 고르시오.

1 屋 ( )
① 부자 부　② 집 실
③ 집 가　④ 집 옥

2 移 ( )
① 옮길 이　② 굳을 고
③ 수컷 웅　④ 많을 다

3 保 ( )
① 있을 존　② 믿을 신
③ 지킬 보　④ 바랄 망

4 板 ( )
① 돌이킬 반　② 조사할 사
③ 나무 수　④ 널빤지 판

5 快 ( )
① 채울 충　② 밝을 랑
③ 쾌할 쾌　④ 빠를 속

[6~10]
다음 훈과 음에 해당하는 한자를 고르시오.

6 없을 막 ( )
① 致　② 的　③ 莫　④ 船

7 주울 습 ( )
① 原　② 拾　③ 活　④ 飮

8 숯 탄 ( )
① 炭　② 省　③ 典　④ 責

9 거둘 수 ( )
① 受　② 授　③ 買　④ 收

10 지경 경 ( )
① 境　② 算　③ 到　④ 武

[11~15]
다음 훈과 음에 해당하는 한자와 그 간체자가
바르게 짝지어진 것을 고르시오.

11 점 점 ( )

① 農 = 农 ② 點 = 点

③ 場 = 场 ④ 問 = 问

12 쓸 소 ( )

① 電 = 电 ② 來 = 来

③ 掃 = 扫 ④ 語 = 语

13 시골 향 ( )

① 鄕 = 乡 ② 陽 = 阳

③ 紙 = 纸 ④ 風 = 风

14 재화 화 ( )

① 財 = 财 ② 貨 = 货

③ 質 = 质 ④ 費 = 费

15 이을 속 ( )

① 讀 = 读 ② 書 = 书

③ 輕 = 轻 ④ 續 = 续

[16~18]
뜻이 반대 또는 상대되는 한자를 고르시오.

16 暖 ( )

① 寒 ② 初 ③ 淸 ④ 業

17 集 ( )

① 止 ② 具 ③ 散 ④ 件

18 發 ( )

① 故 ② 着 ③ 仙 ④ 回

[19~21]
뜻이 같거나 비슷한 한자를 고르시오.

19 徒 ( )

① 相 ② 隊 ③ 行 ④ 仕

20 給 ( )

① 級 ② 特 ③ 與 ④ 知

21 起 ( )

① 立 ② 店 ③ 約 ④ 料

[22~24]
밑줄 친 낱말의 뜻을 가진 한자를 고르시오.

22 처음으로 내 이름이 새겨진 <u>도장</u>을 팠다. ( )

① 旗　② 凡　③ 印　④ 守

23 높은 산에 있는 <u>절</u>에 올라 경치를 보았다. ( )

① 寺　② 養　③ 政　④ 歷

24 어머니가 쾌차하시기를 <u>바란다</u>. ( )

① 布　② 幸　③ 然　④ 希

[25~27]
다음 뜻을 가진 한자어를 고르시오.

25 표결 따위에서, 찬성과 반대의 여부. ( )

① 可能　② 可否
③ 可決　④ 否認

26 거슬러 나아감. ( )

① 逆行　② 逆流
③ 逆戰　④ 反逆

27 평상시. ( )

① 平地　② 平和
③ 平等　④ 平素

[28~30]
밑줄 친 한자어의 뜻으로 알맞은 것을 고르시오.

28 바다 앞에는 군함이 **建造** 중이다.
( )

① 처음으로 세움
② 땅 위에 세운 집 따위
③ 배 따위를 설계하여 만듦
④ 무너진 것을 다시 일으켜 세움

29 형식과 **內容**이 조화를 이루다.
( )

① 나라의 안
② 사물의 속내를 이루는 것
③ 분명하고 자세한 내용
④ 내부의 실제 사정

30 근로자의 **處遇**를 개선하기로 합의
했다. ( )

① 조처하여 대우함
② 일을 다스려 치러 감
③ 정부의 각 조직체의 부와 처
④ 증세에 따라 약재를 배합하는 방법

단답형 [31~100]

※ 다음 물음에 맞는 답을 답안지의 해당 답란
에 쓰시오.

[31~50]
**한자의 훈과 음을 쓰시오. (31~40번은 간체자
표기임)**

예시: 一 (한 일)

31 飞 ( )

32 阴 ( )

33 验 ( )

34 队 ( )

35 归 ( )

36 洁 ( )

37 员 ( )

38 练 ( )

39 检 ( )

40 访 ( )

41 妙 ( )

42 舊 ( )

43 背 ( )

44 益 (   )

45 指 (   )

46 尊 (   )

47 略 (   )

48 悲 (   )

49 均 (   )

50 列 (   )

[51~70]
한자어의 독음을 쓰시오. (51~60번은 간체자 표기임)

예시: 一二 (일이)

51 传授 (   )

52 引继 (   )

53 举动 (   )

54 复职 (   )

55 牧场 (   )

56 关税 (   )

57 实状 (   )

58 纯种 (   )

59 童谣 (   )

60 减员 (   )

61 探究 (   )

62 端正 (   )

63 保育 (   )

64 冷笑 (   )

65 消息 (   )

66 街路 (   )

67 病床 (   )

68 乳兒 (   )

69 尊敬 (   )

70 億兆 (   )

[71~75]
다음 한자의 간체자를 〈보기〉에서 찾아 쓰시오.

〈보기〉
床　庫　异　连　贮　达　财

71 貯　（　　　　　　　　）

72 連　（　　　　　　　　）

73 庫　（　　　　　　　　）

74 異　（　　　　　　　　）

75 達　（　　　　　　　　）

[76~80]
다음 한자의 번체자를 〈보기〉에서 찾아 쓰시오.

〈보기〉
藝　聲　飯　聖　煙　專　競

76 声　（　　　　　　　　）

77 专　（　　　　　　　　）

78 艺　（　　　　　　　　）

79 烟　（　　　　　　　　）

80 饭　（　　　　　　　　）

[81~82]
다음 한자의 부수를 쓰시오.

예시: 漢 (氵또는 水)

81 宗　（　　　　　　　　）

82 除　（　　　　　　　　）

[83~85]
다음 뜻을 가진 사자성어를 〈보기〉에서 찾아 그 독음을 쓰시오.

〈보기〉
人之常情　　　死生決斷
因果應報　　　寸鐵殺人
卓上空論　　　一寸光陰

83 사람이면 누구나 가질 수 있는 보통의 마음이나 감정.（　　　　　　　）

84 죽고 사는 것을 돌보지 아니하고 끝장을 내려고 함. （　　　　　　　）

85 선을 행하면 선의 결과가, 악을 행하면 악의 결과가 반드시 뒤따름.
（　　　　　　　）

[86～95]
밑줄 친 한자어의 독음을 쓰시오.

예시: 漢字를 익힐 때는 여러 가지의 훈과 음에 유의해야 합니다. (한자)

86 假令 당신이 갑자기 부자가 된다면 무엇을 하시겠습니까?
（　　　　）

87 설악산에 앉은부채가 群落을 이루며 자라고 있다. （　　　　）

88 드라마에서 不倫을 주제로 하는 내용이 많아 보기 불편하다.
（　　　　）

89 그 섬은 지상樂園이라는 말 그대로 정말 아름다웠다.
（　　　　）

90 呼名을 하면 대답해 주세요.
（　　　　）

91 그는 일정한 住居가 없는 떠돌이다.
（　　　　）

92 광복절에는 각 기관별로 慶祝 행사를 갖는다. （　　　　）

93 健全한 신체에 건전한 정신이 깃든다.
（　　　　）

94 할아버지의 얼굴에는 怒色이 가득했다. （　　　　）

95 뇌와 척수는 중추신경계를 이루는 반면에, 다른 神經은 말초신경계를 이룬다. （　　　　）

[96～100]
다음 문장의 내용에 맞게 밑줄 친 한자어를 쓰시오.

예시: 한자를 쓸 때는 순서에 유의해야 합니다. （漢字）

96 그는 자신의 의사를 분명하게 표현할 줄 안다. （　　　　）

97 어머니는 나에게 희망과 용기를 불어넣어 주셨다. （　　　　）

98 다른 행성에도 생명체가 존재하고 있을까? （　　　　）

99 남북한 교류의 구체적인 방안을 제시하다. （　　　　）

100 지명에 얽힌 전설에 대하여 알아봅시다. （　　　　）

4급 모의고사 1회 정답

선택형 (1~30)

번호	정답	번호	정답	번호	정답	번호	정답
1	②	9	②	17	③	25	③
2	③	10	④	18	②	26	④
3	①	11	②	19	④	27	①
4	④	12	④	20	②	28	②
5	②	13	③	21	①	29	④
6	③	14	②	22	②	30	③
7	①	15	①	23	①		
8	③	16	①	24	③		

단답형 (31~100)

번호	정답	번호	정답	번호	정답	번호	정답
31	시험 험	49	부를 호	67	암표	85	신언서판
32	어려울 난	50	얼굴 용	68	기복	86	제한
33	날 비	51	포악	69	군경	87	검소
34	직분 직	52	단순	70	회수	88	내포
35	둥글 원	53	처벌	71	众	89	인장
36	칠 토	54	전등	72	经	90	요청
37	무리 대	55	권리	73	杀	91	위급
38	맞을 적	56	중계	74	货	92	허점
39	잇닿을 련	57	희원	75	营	93	열차
40	가늘 세	58	검문	76	閉	94	차관
41	찾을 탐	59	유품	77	聽	95	금식
42	글귀 구	60	성조	78	煙	96	骨格
43	붉을 주	61	착상	79	訪	97	時期
44	받을 수	62	배은	80	誤	98	齒科
45	빽빽할 밀	63	소유	81	田	99	停止
46	무리 도	64	여부	82	禾	100	約束
47	다스릴 치	65	노력	83	자강불식		
48	경계할 계	66	출고	84	빙탄지간		

4급 모의고사 2회 정답

선택형 (1~30)

번호	정답	번호	정답	번호	정답	번호	정답
1	①	9	④	17	③	25	③
2	③	10	③	18	④	26	①
3	④	11	②	19	①	27	③
4	②	12	③	20	②	28	①
5	③	13	④	21	③	29	④
6	④	14	③	22	③	30	①
7	①	15	②	23	①		
8	②	16	②	24	④		

단답형 (31~100)

번호	정답	번호	정답	번호	정답	번호	정답
31	끊을 단	49	기후 후	67	경우	85	갑남을녀
32	그늘 음	50	얻을 득	68	의존	86	기지
33	오로지 전	51	입대	69	가정	87	신선
34	어질 현	52	방한	70	산문	88	윤리
35	잇닿을 련	53	직원	71	宝	89	성찰
36	밥 반	54	검소	72	针	90	희망
37	시골 향	55	창업	73	虛	91	밀착
38	알 인	56	난국	74	扫	92	해제
39	홑 단	57	결백	75	丝	93	정유
40	회복할 복/다시 부	58	정독	76	錄	94	약효
41	지경 경	59	묘계	77	應	95	독방
42	근심 수	60	경주	78	絶	96	料金
43	베 포	61	쾌감	79	遺	97	比重
44	간략할 략	62	논쟁	80	狀	98	永久
45	세금 세	63	기복	81	手(扌)	99	眼目
46	그 기	64	기관	82	穴	100	走者
47	판단할 판	65	송림	83	지기지우		
48	거리 가	66	균등	84	풍전등화		

4급 모의고사 3회 정답

선택형 (1~30)

번호	정답	번호	정답	번호	정답	번호	정답
1	③	9	③	17	④	25	④
2	④	10	②	18	②	26	①
3	②	11	②	19	③	27	②
4	②	12	①	20	④	28	③
5	①	13	③	21	①	29	④
6	③	14	④	22	③	30	①
7	①	15	②	23	②		
8	④	16	①	24	①		

단답형 (31~100)

번호	정답	번호	정답	번호	정답	번호	정답
31	벌할 벌	49	잊을 망	67	을사	85	중구난방
32	돌아갈 귀	50	골 곡	68	내지	86	묘기
33	노래 요	51	금서	69	조작	87	신고
34	맞을 적	52	논리	70	빙판	88	종교
35	칠 토	53	담화	71	笔	89	지정
36	검소할 검	54	경험	72	庆	90	제야
37	날 비	55	의구	73	纯	91	탄소
38	영화 영	56	영농	74	洁	92	공허
39	들일 납	57	구절	75	号	93	발단
40	줄, 더불 여	58	폐강	76	壯	94	흉조
41	통달할 달	59	검거	77	創	95	관찰
42	줄 수	60	유산	78	興	96	事情
43	제사 제	61	동갑	79	務	97	操心
44	경계할 계	62	기안	80	權	98	景致
45	붉을 주	63	생도	81	人(亻)	99	繼承
46	풀 해	64	밀실	82	攴(攵)	100	要件
47	별 진/신	65	회상	83	언어도단		
48	이을 승	66	제도	84	살신성인		

4급 모의고사 4회 정답

선택형 (1~30)

번호	정답	번호	정답	번호	정답	번호	정답
1	④	9	④	17	①	25	②
2	①	10	①	18	④	26	③
3	②	11	②	19	②	27	④
4	③	12	④	20	①	28	④
5	③	13	④	21	④	29	③
6	①	14	①	22	④	30	①
7	③	15	②	23	①		
8	②	16	②	24	③		

단답형 (31~100)

번호	정답	번호	정답	번호	정답	번호	정답
31	들을 청	49	칠 목	67	수령	85	적자생존
32	직분 직	50	살 거	68	문단	86	단오
33	둥글 원	51	낙향	69	계곡	87	예방
34	죽일 살	52	전문	70	시가	88	휴식
35	기록할 록	53	인식	71	难	89	주황
36	지날 경	54	이변	72	复	90	다중
37	잎 엽	55	약방	73	制	91	요일
38	보배 보	56	음양	74	营	92	유족
39	빌 허	57	방비	75	极	93	서예
40	경사 경	58	윤리	76	繼	94	평균
41	힘쓸 노	59	권세	77	論	95	사택
42	표 표	60	청결	78	創	96	相對
43	편안할 강	61	법원	79	開	97	例外
44	풍속 속	62	석탄	80	討	98	病患
45	조짐 조	63	유정	81	木	99	故國
46	깨뜨릴 파	64	존경	82	口	100	學窓
47	금할 금	65	만배	83	등하불명		
48	절 사	66	위해	84	수기치인		

4급 모의고사 5회 정답

선택형 (1~30)

번호	정답	번호	정답	번호	정답	번호	정답
1	④	9	④	17	③	25	②
2	①	10	①	18	②	26	①
3	③	11	②	19	②	27	④
4	④	12	③	20	③	28	③
5	③	13	①	21	①	29	②
6	③	14	②	22	③	30	①
7	②	15	④	23	①		
8	①	16	①	24	④		

단답형 (31~100)

번호	정답	번호	정답	번호	정답	번호	정답
31	날 비	49	고를 균	67	병상	85	인과응보
32	그늘 음	50	벌일 렬	68	유아	86	가령
33	시험 험	51	전수	69	존경	87	군락
34	무리 대	52	인계	70	억조	88	불륜
35	돌아갈 귀	53	거동	71	貯	89	낙원
36	깨끗할 결	54	복직	72	连	90	호명
37	인원 원	55	목장	73	库	91	주거
38	익힐 련	56	관세	74	异	92	경축
39	검사할 검	57	실상	75	达	93	건전
40	찾을 방	58	순종	76	聲	94	노색
41	묘할 묘	59	동요	77	專	95	신경
42	예 구	60	감원	78	藝	96	表現
43	등 배	61	탐구	79	煙	97	勇氣
44	더할 익	62	단정	80	飯	98	存在
45	가리킬 지	63	보육	81	宀	99	方案
46	높일 존	64	냉소	82	阜(阝)	100	傳說
47	간략할 략	65	소식	83	인지상정		
48	슬플 비	66	가로	84	사생결단		

HNK 한자능력시험 답안지

단답형 (31~50)

31	○		41	○
32	○		42	○
33	○		43	○
34	○		44	○
35	○		45	○
36	○		46	○
37	○		47	○
38	○		48	○
39	○		49	○
40	○		50	○

▶ 51번부터는 뒷면에 답안을 작성합니다.

선택형 (1~30)

번호	①	②	③	④
1	①	②	③	④
2	①	②	③	④
3	①	②	③	④
4	①	②	③	④
5	①	②	③	④
6	①	②	③	④
7	①	②	③	④
8	①	②	③	④
9	①	②	③	④
10	①	②	③	④
11	①	②	③	④
12	①	②	③	④
13	①	②	③	④
14	①	②	③	④
15	①	②	③	④
16	①	②	③	④
17	①	②	③	④
18	①	②	③	④
19	①	②	③	④
20	①	②	③	④
21	①	②	③	④
22	①	②	③	④
23	①	②	③	④
24	①	②	③	④
25	①	②	③	④
26	①	②	③	④
27	①	②	③	④
28	①	②	③	④
29	①	②	③	④
30	①	②	③	④

응시급수

1급	2급	3급	4급	5급	6급	7급	8급
○	○	○	○	○	○	○	○

성명

유의사항

1. 모든 표기 및 답안 작성은 지워지지 않는 검정색 필기구를 사용해야 합니다.
2. 바르지 못한 표기를 하였거나 불필요한 표기를 하였을 경우 불이익을 받을 수 있습니다.
3. 표기가 잘못되었을 경우는 수정테이프로 깨끗이 지운 후 다시 칠하거나 쓰십시오.
4. 수험번호를 바르게 쓰고 해당 'o' 안에 표기합니다.
5. 응시급수, 수험번호 및 선택형 답안의 'o' 안의 표기는 컴퓨터용 펜을 사용하여 <보기>와 같이 칠해야 합니다.

<보기> ○ ⊙ ✕ ⊗ ✕

감독위원 확인란 (※수험생은 표기하지 말 것)

결시자 표기	결시자의 수험번호를 쓰고 아래에 표기 ○
감독위원 서명	성명, 수험번호 표기가 정확한지 확인 후 서명 또는 날인

수험번호

| 0 | 1 | 2 | 3 | 4 | 5 | 6 | 7 | 8 | 9 |

(각 자리 ⓞ①②③④⑤⑥⑦⑧⑨ / Ⓐ Ⓑ)

채점위원

재심

초심

득점문항수

国家汉办 (Hanban)
🐼 다락원
국제공인 한자사용 능력평가
사단법인 한중문자교류협회

단답형 (51~100)

번호	답	O	번호	답	O	번호	답	O	번호	답	O	번호	답	O
51		O	61		O	71		O	81		O	91		O
52		O	62		O	72		O	82		O	92		O
53		O	63		O	73		O	83		O	93		O
54		O	64		O	74		O	84		O	94		O
55		O	65		O	75		O	85		O	95		O
56		O	66		O	76		O	86		O	96		O
57		O	67		O	77		O	87		O	97		O
58		O	68		O	78		O	88		O	98		O
59		O	69		O	79		O	89		O	99		O
60		O	70		O	80		O	90		O	100		O

国家汉办 (Hanban)
국립공인 한국어세종 관리처문
사단법인 한중문자교류협회
디학습실

HNK 한자능력시험 답안지

유의사항

1. 모든 표기 및 답안 작성은 지워지지 않는 검정색 필기구를 사용해야 합니다.
2. 바르지 못한 표기를 하였거나 불필요한 표기를 하였을 경우 불이익을 받을 수 있습니다.
3. 표기가 잘못되었을 경우는 수정테이프로 깨끗이 지운 후 다시 칠하거나 쓰십시오.
4. 수험번호를 바르게 쓰고 해당 'O' 안에 표기합니다.
5. 응시급수, 수험번호 및 선택형 답안의 'O' 안의 표기는 컴퓨터용 싸인펜을 사용하여 〈보기〉와 같이 칠해야 합니다.

〈보기〉 ● ◐ ○ × ×

선택형 (1~30)

	1	2	3	4
1	①	②	③	④
2	①	②	③	④
3	①	②	③	④
4	①	②	③	④
5	①	②	③	④
6	①	②	③	④
7	①	②	③	④
8	①	②	③	④
9	①	②	③	④
10	①	②	③	④
11	①	②	③	④
12	①	②	③	④
13	①	②	③	④
14	①	②	③	④
15	①	②	③	④
16	①	②	③	④
17	①	②	③	④
18	①	②	③	④
19	①	②	③	④
20	①	②	③	④
21	①	②	③	④
22	①	②	③	④
23	①	②	③	④
24	①	②	③	④
25	①	②	③	④
26	①	②	③	④
27	①	②	③	④
28	①	②	③	④
29	①	②	③	④
30	①	②	③	④

단답형 (31~50)

31			○	41	○	
32			○	42	○	
33			○	43	○	
34			○	44	○	
35			○	45	○	
36			○	46	○	
37			○	47	○	
38			○	48	○	
39			○	49	○	
40			○	50	○	

▲ 51번부터는 뒷면에 답안을 작성합니다.

단답형 (51~100)

51	O	61	O	71	O	81	O	91	O
52	O	62	O	72	O	82	O	92	O
53	O	63	O	73	O	83	O	93	O
54	O	64	O	74	O	84	O	94	O
55	O	65	O	75	O	85	O	95	O
56	O	66	O	76	O	86	O	96	O
57	O	67	O	77	O	87	O	97	O
58	O	68	O	78	O	88	O	98	O
59	O	69	O	79	O	89	O	99	O
60	O	70	O	80	O	90	O	100	O

단답형 (51~100)

国家汉办 (Hanban)

번호	답란	O	번호	답란	O	번호	답란	O	번호	답란	O	번호	답란	O
51		○	61		○	71		○	81		○	91		○
52		○	62		○	72		○	82		○	92		○
53		○	63		○	73		○	83		○	93		○
54		○	64		○	74		○	84		○	94		○
55		○	65		○	75		○	85		○	95		○
56		○	66		○	76		○	86		○	96		○
57		○	67		○	77		○	87		○	97		○
58		○	68		○	78		○	88		○	98		○
59		○	69		○	79		○	89		○	99		○
60		○	70		○	80		○	90		○	100		○

HNK 한자능력시험 답안지

응시급수	1급	2급	3급	4급	5급	6급	7급	8급
	○	○	○	○	○	○	○	○

성 명

유의사항

1. 모든 표기 및 답안 작성은 지워지지 않는 검정색 필기구를 사용해야 합니다.
2. 바르지 못한 표기를 하였거나 불필요한 표기를 하였을 경우 불이익을 받을 수 있습니다.
3. 표기가 잘못되었을 경우는 수정테이프로 깨끗이 지운 후 다시 칠하거나 쓰십시오.
4. 수험번호를 바르게 쓰고 해당 'O' 안에 표기합니다.
5. 응시급수, 수험번호 및 선택형 답안의 'O' 안의 표기는 컴퓨터용 펜을 사용하여 〈보기〉와 같이 칠해야 합니다.

〈보기〉　● ⊗ ○
　　　　○ × ×
　　　　○ × ×

감독위원 확인란
(※수험생은 표기하지 말 것)

결시자 표기	결시자의 수험번호를 쓰고 아래에 표기
	○
감독위원 서명	성명, 수험번호 표기가 정확한지 확인 후 서명 또는 날인

수험 번호

⓪	⓪	⓪	⓪	⓪	⓪	⓪	⓪	⓪	⓪	⓪
①	①	①	①	①	①	①	①	①	①	①
②	②	②	②	②	②	②	②	②	②	②
③	③	③	③	③	③	③	③	③	③	③
④	④	④	④	④	④	④	④	④	④	④
⑤	⑤	⑤	⑤	⑤	⑤	⑤	⑤	⑤	⑤	⑤
⑥	⑥	⑥	⑥	⑥	⑥	⑥	⑥	⑥	⑥	⑥
⑦	Ⓐ	Ⓑ	⑦	⑦	⑦	⑦	⑦	⑦	⑦	⑦
⑧	⑧	⑧	⑧	⑧	⑧	⑧	⑧	⑧	⑧	⑧
⑨	⑨	⑨	⑨	⑨	⑨	⑨	⑨	⑨	⑨	⑨

채점위원

재심

조심

선택형 (1~30)

	①	②	③	④
1	①	②	③	④
2	①	②	③	④
3	①	②	③	④
4	①	②	③	④
5	①	②	③	④
6	①	②	③	④
7	①	②	③	④
8	①	②	③	④
9	①	②	③	④
10	①	②	③	④
11	①	②	③	④
12	①	②	③	④
13	①	②	③	④
14	①	②	③	④
15	①	②	③	④
16	①	②	③	④
17	①	②	③	④
18	①	②	③	④
19	①	②	③	④
20	①	②	③	④
21	①	②	③	④
22	①	②	③	④
23	①	②	③	④
24	①	②	③	④
25	①	②	③	④
26	①	②	③	④
27	①	②	③	④
28	①	②	③	④
29	①	②	③	④
30	①	②	③	④

단답형 (31~50)

31		41	○	○
32		42	○	○
33		43	○	○
34		44	○	○
35		45	○	○
36		46	○	○
37		47	○	○
38		48	○	○
39		49	○	○
40		50	○	○

특점문항수

▲ 51번부터는 뒷면에 답안을 작성합니다.

国家汉办 (Hanban)

ᄃ나락원

구성공인 한자어능력 관리기관
사단법인 한중문자교류협회

단답형 (51~100)

51		61		71		81		91	
	O		O		O		O		O
52		62		72		82		92	
	O		O		O		O		O
53		63		73		83		93	
	O		O		O		O		O
54		64		74		84		94	
	O		O		O		O		O
55		65		75		85		95	
	O		O		O		O		O
56		66		76		86		96	
	O		O		O		O		O
57		67		77		87		97	
	O		O		O		O		O
58		68		78		88		98	
	O		O		O		O		O
59		69		79		89		99	
	O		O		O		O		O
60		70		80		90		100	
	O		O		O		O		O

国家汉办 (Hanban)

国家汉办/孔子学院总部
사단법인 한중문자교류협회

다락원

HNK 한자능력시험 답안지

응시급수	1급	2급	3급	4급	5급	6급	7급	8급
	○	○	○	○	○	○	○	○

성명

감독위원 확인란
(※수험생은 표기하지 말 것)

결시자 표기	결시자의 수험번호를 쓰고 아래에 표기
	○
감독위원 서명	성명, 수험번호 표기가 정확한지 확인 후 서명 또는 날인

수험번호

⓪	⓪	⓪	⓪	⓪	⓪	⓪	⓪	⓪	⓪	⓪
①	①	①	①	①	①	①	①	①	①	①
②	②	②	②	②	②	②	②	②	②	②
③	③	③	③	③	③	③	③	③	③	③
④	④	④	④	④	④	④	④	④	④	④
⑤	⑤	⑤	⑤	⑤	⑤	⑤	⑤	⑤	⑤	⑤
⑥	⑥	⑥	⑥	⑥	⑥	⑥	⑥	⑥	⑥	⑥
⑦	⑦	⑦	⑦	⑦	⑦	⑦	⑦	⑦	⑦	⑦
⑧	⑧	⑧	⑧	⑧	⑧	⑧	⑧	⑧	⑧	⑧
⑨	⑨	⑨	⑨	⑨	⑨	⑨	⑨	⑨	⑨	⑨

득점문항수

채점위원 / 채심 / 재심

선택형 (1~30)

문번	①	②	③	④
1	①	②	③	④
2	①	②	③	④
3	①	②	③	④
4	①	②	③	④
5	①	②	③	④
6	①	②	③	④
7	①	②	③	④
8	①	②	③	④
9	①	②	③	④
10	①	②	③	④
11	①	②	③	④
12	①	②	③	④
13	①	②	③	④
14	①	②	③	④
15	①	②	③	④
16	①	②	③	④
17	①	②	③	④
18	①	②	③	④
19	①	②	③	④
20	①	②	③	④
21	①	②	③	④
22	①	②	③	④
23	①	②	③	④
24	①	②	③	④
25	①	②	③	④
26	①	②	③	④
27	①	②	③	④
28	①	②	③	④
29	①	②	③	④
30	①	②	③	④

단답형 (31~50)

번호	○		번호	○	
31	○		41	○	
32	○		42	○	
33	○		43	○	
34	○		44	○	
35	○		45	○	
36	○		46	○	
37	○		47	○	
38	○		48	○	
39	○		49	○	
40	○		50	○	

▶ 51번부터는 뒷면에 답안을 작성합니다.

国家汉办 (Hanban) · 사단법인 한국어문교육연구회 · 사단법인 한중문자교류협회 · 다님

단답형 (51~100)

国家汉办 (Hanban)

国家对外汉语教学领导小组
사단법인 한중문자교류협회

다락원

51	O	61	O	71	O	81	O	91	O
52	O	62	O	72	O	82	O	92	O
53	O	63	O	73	O	83	O	93	O
54	O	64	O	74	O	84	O	94	O
55	O	65	O	75	O	85	O	95	O
56	O	66	O	76	O	86	O	96	O
57	O	67	O	77	O	87	O	97	O
58	O	68	O	78	O	88	O	98	O
59	O	69	O	79	O	89	O	99	O
60	O	70	O	80	O	90	O	100	O

HNK 한자능력시험 답안지

응시급수	1급	2급	3급	4급	5급	6급	7급	8급
	○	○	○	○	○	○	○	○

성 명

유의사항

1. 모든 표기 및 답안 작성은 지워지지 않는 검정색 필기구를 사용해야 합니다.
2. 바르지 못한 표기를 하였거나 불필요한 표기를 하였을 경우 불이익을 받을 수 있습니다.
3. 표기가 잘못되었을 경우는 수정테이프로 깨끗이 지운 후 다시 쓰십시오.
4. 수험번호를 바르게 쓰고 해당 'O'안에 표기합니다.
5. 응시급수, 수험번호 및 선택형 답안의 'O' 안의 표기는 컴퓨터용 펜을 사용하여
   〈보기〉와 같이 올바르게 해야 합니다.
   〈보기〉 ● ① ① ⑦
   ○ ⊗ × ×

선택형 (1~30)

	①	②	③	④
1	①	②	③	④
2	①	②	③	④
3	①	②	③	④
4	①	②	③	④
5	①	②	③	④
6	①	②	③	④
7	①	②	③	④
8	①	②	③	④
9	①	②	③	④
10	①	②	③	④
11	①	②	③	④
12	①	②	③	④
13	①	②	③	④
14	①	②	③	④
15	①	②	③	④
16	①	②	③	④
17	①	②	③	④
18	①	②	③	④
19	①	②	③	④
20	①	②	③	④
21	①	②	③	④
22	①	②	③	④
23	①	②	③	④
24	①	②	③	④
25	①	②	③	④
26	①	②	③	④
27	①	②	③	④
28	①	②	③	④
29	①	②	③	④
30	①	②	③	④

단답형 (31~50)

31	○	41	○
32	○	42	○
33	○	43	○
34	○	44	○
35	○	45	○
36	○	46	○
37	○	47	○
38	○	48	○
39	○	49	○
40	○	50	○

▶ 51번부터는 뒷면에 답안을 작성합니다.

감독위원 확인란
(※수험생은 표기하지 말 것)

결시자 표기	결시자의 수험번호를 쓰고 아래에 표기 ○
감독위원 서명	성명, 수험번호 표기가 정확한지 확인 후 서명 또는 날인

수험번호

ⓐ	ⓑ									
⓪	⓪	⓪	⓪	⓪	⓪	⓪	⓪	⓪	⓪	⓪
①	①	①	①	①	①	①	①	①	①	①
②	②	②	②	②	②	②	②	②	②	②
③	③	③	③	③	③	③	③	③	③	③
④	④	④	④	④	④	④	④	④	④	④
⑤	⑤	⑤	⑤	⑤	⑤	⑤	⑤	⑤	⑤	⑤
⑥	⑥	⑥	⑥	⑥	⑥	⑥	⑥	⑥	⑥	⑥
⑦	⑦	⑦	⑦	⑦	⑦	⑦	⑦	⑦	⑦	⑦
⑧	⑧	⑧	⑧	⑧	⑧	⑧	⑧	⑧	⑧	⑧
⑨	⑨	⑨	⑨	⑨	⑨	⑨	⑨	⑨	⑨	⑨

득점 문항수

채점위원

채점

조심

国家汉办 (Hanban)
국제대인 한중문자교류협회
사단법인 한중문자교류협회
다락원

❖ 단답형 단안단의 'O'은 채점용이므로 수험생은 표기하지 않습니다.

단답형 (51~100)

51	O	61	O	71	O	81	O	91	O
52	O	62	O	72	O	82	O	92	O
53	O	63	O	73	O	83	O	93	O
54	O	64	O	74	O	84	O	94	O
55	O	65	O	75	O	85	O	95	O
56	O	66	O	76	O	86	O	96	O
57	O	67	O	77	O	87	O	97	O
58	O	68	O	78	O	88	O	98	O
59	O	69	O	79	O	89	O	99	O
60	O	70	O	80	O	90	O	100	O

HNK 한자능력시험 답안지

응시급수	1급	2급	3급	4급	5급	6급	7급	8급
	O	O	O	O	O	O	O	O

성명

감독위원 확인란 (※수험생은 표기하지 말 것)

결시자 표기	결시자의 수험번호를 쓰고 아래에 표기 O
감독위원 서명	성명, 수험번호 표기가 정확한지 확인 후 서명 또는 날인

수험번호

| 0 | 1 | 2 | 3 | 4 | 5 | 6 | 7 | 8 | 9 |

득점문항수

채점위원 — 재심 / 조심

선택형 (1~30)

	①	②	③	④
1	①	②	③	④
2	①	②	③	④
3	①	②	③	④
4	①	②	③	④
5	①	②	③	④
6	①	②	③	④
7	①	②	③	④
8	①	②	③	④
9	①	②	③	④
10	①	②	③	④
11	①	②	③	④
12	①	②	③	④
13	①	②	③	④
14	①	②	③	④
15	①	②	③	④
16	①	②	③	④
17	①	②	③	④
18	①	②	③	④
19	①	②	③	④
20	①	②	③	④
21	①	②	③	④
22	①	②	③	④
23	①	②	③	④
24	①	②	③	④
25	①	②	③	④
26	①	②	③	④
27	①	②	③	④
28	①	②	③	④
29	①	②	③	④
30	①	②	③	④

단답형 (31~50)

31	O		41	O	
32	O		42	O	
33	O		43	O	
34	O		44	O	
35	O		45	O	
36	O		46	O	
37	O		47	O	
38	O		48	O	
39	O		49	O	
40	O		50	O	

▶ 51번부터는 뒷면에 답안을 작성합니다.

国家汉办 (Hanban) · 사단법인 한중문자교류협회 · 다락원

단답형 (51~100)

国家汉办 (Hanban)

국립인 한자국제동 출판기념
자단법인 한중문자교류협회

다락원

51		○	61		○	71		○	81		○	91		○
52		○	62		○	72		○	82		○	92		○
53		○	63		○	73		○	83		○	93		○
54		○	64		○	74		○	84		○	94		○
55		○	65		○	75		○	85		○	95		○
56		○	66		○	76		○	86		○	96		○
57		○	67		○	77		○	87		○	97		○
58		○	68		○	78		○	88		○	98		○
59		○	69		○	79		○	89		○	99		○
60		○	70		○	80		○	90		○	100		○